最上敏樹著

いま平和とは

―人権と人道をめぐる９話―

岩波新書

1000

はじめに

平和という言葉を聞くと身構える人が少なくありません。何やら政治的にやっかいな話題が始まりそうだと考えるのでしょうか。

あるいは、端《はな》からそんな言葉はまじめに取れない、と言う人もいます。地に足の着かない理想論だから、ということのようです。

逆にまた、平和はまじめで深刻な問題なのだから楽しそうに語ってはいけない、と言う人もいます。平和は語ったり研究したりするものではなく、つくるものだ、という考え方もあります。

どれにもそれぞれ一理あるでしょう。平和の意味や平和をつくる方法をめぐって深刻な対立が生じ、社会関係がとげとげしくなってしまう例は、日本でもありますし、ほかの国でもあります。誰もが平和を望むのに、いつもそれを壊してしまう人間たちが現れ、どれだけ努力すれば永続的な平和が得られるのかというやりきれない思いを、人類は何度も味わわされてもきました。また平和は、まじめで深刻な問題でもあるでしょう。特に、平和そのものというより、平和を奪われた人々や、平和が失われた状況というものは、部外者が口をはさめないほど深刻な場合があるのです。

そういったことを知りつつ、それでもやはり、平和について考えることが必要だし、考えがいのあることなのだ、と思います。もし誰もが平和を望むのなら、いつもそれについて考えておかなければなりません。誰もが望むのに平和をつくることが容易でないのなら、ますますよく考えなければなりません。同時に、平和について深く考えるということは、歴史に参加するということでもありますから、考えがいを強く感じることにもなるのです。

限られた紙幅の中で、何について語ろうかとあれこれ考えました。その結果、選んだのが、この本の内容です。立場が異なっても共に考えることのできる問題は何か、それを基本にすえて組み立ててみたらこういうものになりました。ほかにも取り上げるべき大切な問題はありますす。しかし、とりあえずは平和の問題がとても間口の広いものであること、そのどれもがあきらめて放り出してはならないものであること、必ずしも私たちが互いに分裂せずに「共に考える」ことのできる問題は数多くあること——そういうことだけでも確認できれば、と考えました。

そこで取り上げるさまざまな問題に、既製の答えは用意してありません。どういう答えを出すかは、読者一人一人に任されています。そして、世界には《答えを模索したくなる問題》があるものだと感じられる地点まで、読者の皆さんを少しでも誘《いざな》うことができればと念願しています。

＊

以上のような視点に立って『いま平和とは』と題するテキストを編み、二〇〇四年の一〇月から一一月にかけて、「NHK人間講座」というテレビ番組で八回連続の講座を放送しました。この本は、そのときのテキストをもとに、いくつかの項目を加えて書き改めたものです。番組に対しても講座テキストに対しても、好意的なご意見を少なからずいただき、勉強会のテキストにしたというお便りも寄せられました。そこでテキストを新書にしようということは早々と決まっていたのですが、筆者の多忙が原因でなかなか始められず、ようやく刊行の運びとなったものです。

テキストと新書の分量が大きく異なるため、約五割増しの加筆になりましたが、テキストに盛り込んだ内容はできるだけ残し(一部重複などは整理してあります)、新しく書いた部分もテキストと同じ口調でつづるようにしました。テキストをお読み下さった方々の感想の中に、とげとげしい言い争いではない平和の論じ方があることを知って励まされた、というものがいくつもあったため、それに応えねばならないと考えたのです。

このささやかな本を通して、薄れようとしていた平和への関心を取り戻したという方が少しでも増えてくれれば、と願うものです。それがこの本の狙いですから、必要以上に専門的なことや難しいことは書きすぎないようにしました。そのかわりに、更に読み進めたい方のためのブックガイドを添えましたので、関心を持たれた方はそちらで深めて下されば幸いです。

目　次

目　次

第1話

尽きせぬ武力紛争

―「新しい戦争」の時代に―

義足をつける少女．アフガニスタン・カンダハルの避難民キャンプにて．(写真提供＝毎日新聞社)

1　ボブ・ディランとエラスムス——不変の願望

風に吹かれて

一九六〇年代、世界中で多くの若者の心をとらえた、ボブ・ディランというアメリカの歌手がいました。いまも現役で活動しているそうですが、その当時は既成の文化に反抗し、大人の社会を痛烈に批判する歌をうたって、一種の反体制スーパースターだった人です。そのボブ・ディランの大ヒット曲の一つに、「風に吹かれて」という歌がありました(一九六二年)。当時「プロテスト・ソング」と呼ばれていた反戦歌の一つで、「空を飛ぶ白い鳩は、いったいいくつ海を渡らなければならないのだろう」という唄い出しで始まる歌です。

美しい言葉を少し投げやりな調子で唄うこの歌は、先に進むにつれて、叙情歌ではなく、いまの世界に対するやり切れなさをぶつけたものであることが分かってきます。いまもなお砲弾が空を飛び交っている。いったいいつまで飛び続けるのだろう——。いまもなお人間が殺され続けている。もう十分すぎるほど殺されたのに、いったいいつまで殺され続けるのだろう——。答えは分かっているじゃないか、というのがボブ・ディランのメッセージでした。もうこんな無益なことはやめよう、砂浜に羽を休める白鳩のように平和に暮らそう、と言いたかったのです。とはいえ彼は、そのことを声高にお説教するようには言わず、「その答えは風の中にひゅうひゅうと響いている」と唄って伝えるにとどめました。「いったいいつまで」と抗議しながら、「まあ、そこで耐えるさ」と言っているかのようです。この歌を聴くたびに、「平和はつらいものだがそれに耐えねばならない」という、仏文学者・渡辺一夫氏の言葉を思い起こします。

この歌がはやったのは、ヴェトナム戦争がまっさかりで、多くの人々が泥沼化する戦争に抗議の声をあげていた頃でした。日本を含め、世界各地でヴェトナム反戦デモがくり広げられていましたので、ボブ・ディランの歌などはとりわけ共感を持って迎えられたのでしょう。ぼくたちは平和を求めて暴力をふるったりはしない、でももう殺し合いはたくさんだからいい加減にやめようじゃないか――そういうメッセージを、世界中で多くの若者がまじめに受けとめる時代だったのです。

平和の訴え

このように戦争に対するやりきれなさを語り、その愚かしさを告発する言葉は、ずいぶん古くからありました。「いったいいつまで」、「あとどれだけ」というボブ・ディランの歌を聴いて思い出すのは、ルネサンス時代のオランダの文人、エラスムスの『平和の訴え』という本です。

この本でエラスムスは、当時のキリスト教世界を批判して、キリスト教徒であると告白することは平和を求めると告白することであるはずなのに、なぜそのキリスト教徒が戦争をやめないのかと慨嘆し、こう言います。

野獣たちでさえ、群れをなして相手を絶滅させるためのいくさをしたりはしない。飢えに追いつめられるか、子供を死にものぐるいで守る場合でもない限り、戦争をしかけることもない。ところがキリスト教徒ときたら、ほんの些細な侮辱を受けたといったことまでも、戦争を始める口実にしてしまう。(『平和の訴え』岩波文庫)

これはキリスト教徒であったエラスムスが、自戒をこめて語った言葉ですから、キリスト教に対してとりわけ厳しい言い方になっていますが、そのような好戦性はキリスト教徒に限られるものではないように思われます。その意味でエラスムスの慨嘆は、人間全体に向けられたものと読み替えてもよいでしょう。

人間の常態としての戦争

実際、人間の歴史は数多くの戦争に彩られており、世界のどこでも戦争のなかった期間(平和期)よりも、どこかで一定規模の戦争があった期間(戦争期)のほうがはるかに長いのです。ひとつの統計によりますと、紀元前三六〇〇年から現在まで、約五六〇〇年の間で、平和期と言えるのはわずか三〇〇年たらずだとされています。その間に起きた戦争は一万五〇〇〇近く、死者数は三五億人を超えます。

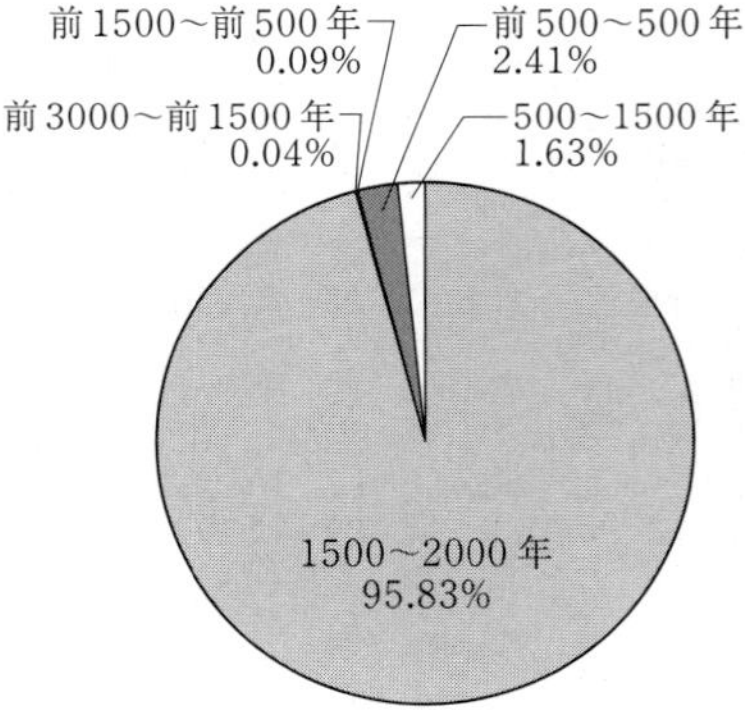

William Eckhardt, "War-related Deaths Since 3000 BC", in *Bulletin of Peace Proposals*, Vol. 22 (4): PP. 437-443 (1991) の表をもとに作成

図1 紀元前3000年以降の戦争による死者の割合

特に紀元一五〇〇年から現在まで、五〇〇年間の死者数の比率が高く、紀元前三〇〇〇年からの死者数の九六パーセント近くを占めるのです(図1)。とりわけ二〇世紀に起きた二つの大戦は、未曾有の惨禍をもたらしました。第一次世界大戦の死者は約一〇〇〇万人、第二次世界大戦のそれは五〇〇〇万人以上にのぼります。前者は約四年半、後者は約六年にわたって行われた戦争でしたから、この二つを比べただけでも、

現代に近づくほど、戦争というものが短期間で甚大な被害を生むようになっていることが分かります。

その原因は言うまでもなく明らかでしょう。第一に兵器が急速に近代化し、殺傷能力を飛躍的に高めたこと、第二に戦闘員(兵隊)だけでなく非戦闘員(一般の市民)も攻撃の対象になり、その面での被害も大幅に増えたことです。

しかし、「未曾有の」大戦と呼ばれ、二度とこのような惨禍をくり返してはならないと言われながら、これらの大戦はおよそ最後の大規模戦争にはなっていません。そのあとも、世界の大多数の国が参戦するという意味での「大戦」こそなかったものの、多くの死傷者を出す戦争や民族紛争が絶えることはなかったのです。

ノルウェーでの研究によれば、第二次大戦後の一九四六年から二〇〇一年の間に、二二五件の戦争あるいは武力紛争が起きました。死者数は統計がさまざまで、国連の資料によれば、(少し古いのですが)一九四五年から九二年までに二三〇〇万人を超えます(武力紛争数一四九件)。そして、この期間の年間犠牲者数は、一九世紀の二倍、一八世紀のなんと七倍にのぼるというのです。おまけに、いまも述べたように、死者のうち非戦闘員が占める割合が飛躍的に高まりました。モザンビークやスーダンの内戦では、その割合が九〇パーセントを超えています(図2)。その非戦闘員の大部分が子供と女性で、特に子供のおかれた状況の悪化が深刻です。

冷戦が終わったあと、二〇世紀最後の一〇年間で、二〇〇万人以上の子供が殺され、六〇〇万人の子供が重傷か回復不能の障害を負いました。事態は、悪くなりこそすれ、決してよくなってはいないのです。

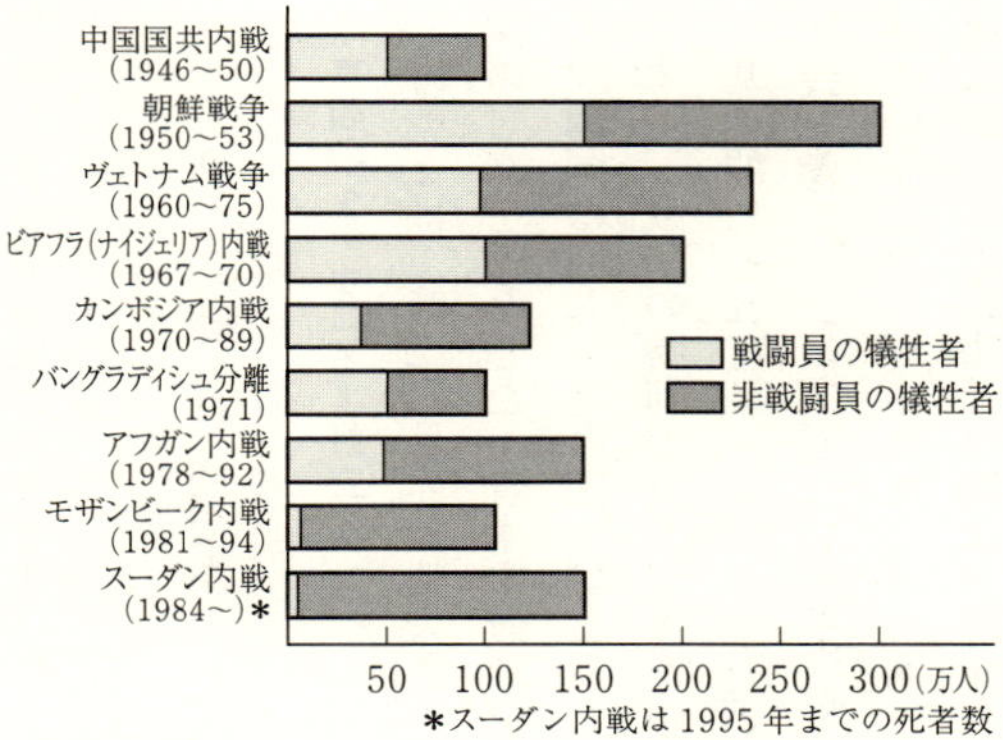

＊スーダン内戦は 1995 年までの死者数

レスター・R・ブラウン編著『地球白書 1999-2000』(ダイヤモンド社，1999 年)の表をもとに作成

図 2　1945 年以降の大規模武力紛争による死者数

こうして見ると、戦争(または武力紛争)は、人類社会の例外的な現象であるというより、むしろ常態、つまりそれが普通であるような行動や現象と見るべきなのではないか、という気がしてきます。悲しいことですが、冷戦後の世界を見ても、それが常態だと言うほかない現実が続いているのです。どうしてそうなのでしょうか。一九九〇年頃、「冷戦が終わった」と言われたとき、これでようやく平和な世界が訪れると誰もが言っていたのに、なぜ事態が悪化することになってしまったのでしょうか。

それを考えるためには、冷戦とは何であったのか、そして冷戦の終焉とは何であったのかを理解しておく必要があります。

2 冷戦とは何であったのか

東西のイデオロギー対立

冷戦とは、第二次世界大戦末期から一九九〇年頃(教科書的には一九八九年)までの、米ソ両国の対立を軸とした、資本主義陣営と共産主義陣営の対立状況を指します。第二次世界大戦で米ソ両国は同じ「連合国」側に属し、協力して日本やドイツやイタリアと戦う関係にあったのですが、戦争の勝利が見えてきた頃にはすでに対立が始まっていました。

基本的にそれはイデオロギー対立、つまり資本主義と共産主義(あるいは、その一歩手前の社会主義)のどちらが良いかをめぐる争いです。自由主義(あるいは民主主義)と全体主義の対立という言い方がされたこともありますが、これは資本主義陣営から見た場合の描写です。ソ連ほか共産主義陣営の側は、自分たちこそが自由で民主的だと言っていて、自分たちは全体主義だなどと言うはずはなかったからです。

世界を一つの「主義」でまとめ上げるという考え方自体、相当に無理があるように思われるのですが、ともかく第二次世界大戦後の世界は、こういう分裂を「基本原理」として組み立てられて行きました。いや、世界全体がそうだったと言うのは誤りでしょう。一九六〇年代には、いずれの陣営にも属さないことを信条とする「非同盟運動」が、中小国の間にかなり広がったからです。とはいえ、大量に核兵器を保有する米ソ両超大国の影響力は深く、世界全体がその対立の余波を受けることになったという言い方はできるでしょう。このまま行けばいつかは世界を核戦争が襲うかもしれない――そう心配した人たちは、古代ギリシャの故事にならって、「世界がダモクレスの剣のもとにある」と言ったものでした。頭の上に髪の毛一本で吊され、いつ落ちてくるか分からない剣のことです。

狂気の軍拡競争

冷戦はただの(抽象的な)イデオロギー対立にはとどまりませんでした。思想的にどちらが正しいか、どちらが正義かを争い合うのですから、争いも敵視も極限にまで突きつめられます。自分が「正義」で相手が「悪」であるなら、相手を抹殺することも辞さない態勢にまで走ることにもなるでしょう。両方とも同じことを考えているのですから、事態は抜き差しならないものになります。そうして米ソ両国の軍拡競争が激化しました。

　相手を抹殺することも可能な軍備を持とうとする――理性的に事態を見ている人々にとって、それは「狂気」と呼ぶほかないものだったでしょう。一九六六年から七三年までスウェーデンの軍縮大臣をつとめたアルヴァ・ミュルダールが米ソ軍拡競争を論じた名著、『軍縮ゲーム』（一九七六年）の邦訳には、『正気への道』というまことに適切な題がつけられています（岩波現代選書、一九七八年）。しかし、米ソ両国の間では、その「狂気」こそが合理的だとされる時代が長く続きました。それぞれが十分な量の核兵器を持っていれば、お互いが相手に対して核を使うことを思いとどまるという、「核抑止」の理論が両国の軍事的な教義になったからです。広島や長崎を一瞬にして廃墟と化した究極兵器を十分に持てば安全になるとされ、おおっぴらにその保有が進められる、理解しがたい時代でした。

脱冷戦の運動

頂点に立つ米ソ両超大国が軍拡競争に励むだけでなく、冷戦はその傘下の国々をも相互に対立し合う構造の中に組み込みました。とりわけ、ヨーロッパとアジアにおいてです。ただヨーロッパでは、冷戦の末期、超大国の戦争の巻きぞえになるのはたまらないという気運が広がり、民間の平和運動だけでなく、政府レベルでもそれを表明する国が現れました。オランダのように、西側陣営の本陣だったＮＡＴＯ（北大西洋条約機構）の核任務を拒否した国もあります。ヨーロッパの核廃絶運動がそれを強力に後押ししました。私はその頃スウェーデンに住んでいたのですが、市民たちの反核平和運動が最高潮に達していた様子を鮮明に記憶しています。

そうした運動が、ヨーロッパにおける冷戦終焉の一因になったことは記憶されてよいでしょう。その人たちの運動は、単なる反核運動にとどまらず、市民たちの手によって脱冷戦をやりとげようという運動でもあったのです。しかし、残念ながらアジアにおいては同じような展開が見られず、冷戦構造からの脱却が急には進みませんでした。朝鮮半島のように、なおも冷戦構造のなごりをとどめる地域もあります。当事者も周辺諸国も、そのなごりをぬぐい消す努力をしなければならないのです。いずれにせよヨーロッパでの冷戦は、共産主義陣営の自己崩壊も手伝って、一九九〇年頃にはおおむね終結しました。

「仮想の戦争」と「長い平和」

冷戦は「仮想の戦争」などとも呼ばれました。実際に砲弾が飛びかうことはなかったものの、米ソ両超大国がいつも敵意を向け合い、一触即発の状態が続く、ある種の世界大戦だったという理解です。これは想像力に富んだ、よい理解の仕方だと思います。しかし同時に、それについては二つの点に注意しなければなりません。

第一に、あくまで「仮想」であったのなら、つまり現実の戦争がなかったのなら、それはむしろ「平和」だったと見るべきなのではないか、という見解も成り立ちうることです。これは冷戦の末期に(一九八七年)、アメリカの現代史家、ジョン・ルイス・ギャディスが唱えた解釈でした。たしかに、米ソ関係に関してはそのとおりかもしれません。しかし、忘れてならないのは、その間も米ソ関係の外では戦争が行われていた、という事実です。アメリカはヴェトナムで長い戦争をしたほか、中東や中米でいくつもの武力行使を行いました。ソ連もまた、ハンガリーやチェコスロヴァキアに軍事侵攻したり、アフガニスタンを攻撃したりしました。さらに、この二つの国が直接に関係していなくても、世界各地で、特にアフリカや中東や中米の開発途上国においては、民族紛争や内戦など、いくつもの武力紛争が起きていたのです。その事実を忘れて単純に「平和」な時代だったと言うことはできません。

第二に、そうであるなら、本当に「仮想」と呼ぶことが正しいのだろうか、という点です。かりにそう呼ぶにしても、その言葉が当てはまる範囲は、米ソ両超大国とその周辺に限られているのではないか。そう考えるなら、精確には「冷戦の時代、世界には、仮想で済んだ世界大戦と、世界大戦には至らなかったものの現実化した熱戦とが共存していた」と言うべきでしょう。そういう熱戦が少なくなかったことのほうが、実は問題だったのです。

3 「新しい戦争」

さて、前に述べたように、四〇年あまり続いた冷戦が終わったとき、世界には「これで暗く危険な時代が終わった」という安堵感が広がりました。たしかに、米ソ核戦争の脅威が遠のき、圧政に苦しんでいた共産主義体制下の人々が解放されたのですから、そういう安堵感にも無理からぬものがあります。これで世界平和が約束されたかのような、楽観的な雰囲気さえ世界には漂いました。資本主義と自由主義が勝利し、もはや争いの種はなくなったのだから、これで「歴史は終わった」とする、いまにして思えば性急にすぎる予言まで飛び出したものです。

言うまでもなく、世界の状況はそのように好転したりはしませんでした。むしろ、冷戦までの世界にはあまり見られなかった種類の戦争が見られるようになったのです。見られるようになっただけでなく、それが多発するようになったとさえ言えるかもしれません。

その一つは、国家対国家の戦いではなく、他者との差異を意識する人間集団の間で、その差異を誇示することが目的であるかのように戦い合う武力紛争です。典型的には、一九九二年から九五年まで続いた、ボスニア＝ヘルツェゴヴィナ紛争を考えればよいでしょう。それまでユーゴスラヴィア人として共存していたモスレム(ムスリム)人、セルビア人、クロアチア人等の人間集団が、凄惨《せいさん》な殺し合いをくり広げた戦いです。

分かりやすく、「民族紛争」と呼ぶこともできますが、一九四五年から四六年間は、ユーゴスラヴィア国民として上手に共存していたのですから、全く異質な民族同士が争うのとはやや違います。また、民族ごとに自前の国家を持とうとした、というのとも少し違います。各共和国が「独立」した後も、それぞれの中で「民族」混在は続いているからです。むしろ、何かに憑《つ》かれたように他者との差異、つまり自分たちのアイデンティティを強調し、相手にそれを押しつけるために戦った、という面が多分にあるように思われるのです。

新しい戦争

このように、自己のアイデンティティを主張することが目的であるような政治関係を、イギリスの平和研究者であるメアリー・カルドーは「アイデンティティ・ポリティックス」と呼び、それが引き金となって起きる武力紛争を「新しい戦争」と名づけました。それに対する「古い戦争」とは何か。それも説明が簡単ではないのですが、しいてひとくちで言うなら、国益をめぐって国家と国家の間でおこなわれる戦い、ということになるでしょうか。

国益というものが一応は具体的であるのに対し、アイデンティティというものは多分に抽象的です。自分のアイデンティティと他者のアイデンティティとの違いを強調したところで、それが必ずしも自分の利益に結びつくわけでもない。そのために殺し合いまでしなければならないことだとは考えにくいのです。それまで一つの国民として共存できていたのなら、なおさらそうでしょう。にもかかわらず、それが起きやすくなりました。旧ユーゴと似たような紛争が、冷戦終焉後、それぞれに違いはありますが、ソマリアでも、ルワンダでも、コンゴでも起きたのです。

民族紛争の側面も持ち、内戦の側面も持ち、アイデンティティの暴力的な主張という側面も持つ、このような武力紛争が、なぜ冷戦終焉後に起きやすくなったか、という問いがよく立てられます。もっともな疑問なのですが、実は、半分は不適切な問いでもあります。つまり、冷戦の間も、米ソ両国が武力介入したような事例を除けば、すでに大部分の武力紛争が民族紛争や内戦、あるいは地域紛争などと呼ばれるものになっていたからです。あえて冷戦中と冷戦後の違いを言うなら、冷戦中はどの紛争も体制選択の争い、つまり資本主義か共産主義かの争いになりがちだったのに対し、冷戦後はそれがなくなったため、アメリカもソ連(のちロシア)も本気でそれらを封じ込めようとしなくなった、ということが言えるかもしれません。いずれにしても、「歴史が終わった」と言えるような状況にはほど遠いものでした。

「テロ」と「対テロ戦争」

さて、冷戦終焉後に特徴的なもう一つの武力紛争は、国際的ないわゆる「テロ」活動などが活発化し、それに戦争という究極の手段で対抗する国も現れた、ということです。

あらかじめ断っておかなければならないのですが、「テロ」(テロリズム)という言葉は、やや乱発気味に使われている傾向があります。厳密には、政治目的のために、直接の政敵ではない一般市民に対して危害を加えるような行為が「テロリズム」なのですが、「自爆攻撃」など、軍事大国の侵略や占領に対して行われる武力抵抗までもが、ひとくくりに「テロ」と呼ばれる傾向があるからです。しかしそれは一種の戦争であって、一方的にどちらかが正しく、どちらかが不正であると言えるような問題ではありません。ですから、この本でこの言葉を使うのも、そういう名称で論じられる問題があるからであって、いわゆる「テロとの戦い」をする側だけが正しいという前提に立っているのではないのです。したがって、少しうるさいのですが、このあとしばしば、かぎ括弧をつけて「テロ」とか「対テロ戦争」といった表現をします。

最近ひとくくりに「テロ」と呼ばれる暴力行為は、二重の意味で冷戦後世界の特徴を反映しています。一つには、自前の国家を持たない人間集団が、国際的な意味合いを持つ暴力行為を行うようになったことです。国内的な意味合いにとどまるものならば、これまでにも、例えばスペインやアイルランドなどで、独立を求める集団が一般市民にも被害が及ぶような暴力をはたらく、ということはありました。しかし、なかなか解決しないパレスチナ問題に強い不満を抱く人々、それも必ずしもパレスチナ人でない人間たちが、当面の「敵」であるイスラエル以外の国で暴力行為をはたらいたり、市場経済の世界化(グローバリゼーション)の進行に取り残される人々の不満を代弁し、その人々になり代わって暴力行為をはたらいたりするのは、やはり新しい現象です。役者も舞台もこれまでの戦争とは質的に違うのだと考えなければなりません。

「非国家」が「国家」を狙う

何より、この集団の行為は大人数の軍隊による戦闘ではありません。限られた数の人間たちが集団を作り、普通の戦争よりは限定的な目標に対して攻撃を加える、という暴力行為です。とりわけ特徴的なのは、いまも述べたように、そういう暴力をふるう人間たちの属する「国家」と、攻撃の対象となった人々の属する「国家」というものの意味合いが、いちじるしく非対称的であることです。つまり、いわゆる「テロリスト」たちは、しばしば複数の国の出身者から成っていて、必ずしも特定の国家を代表しているわけでも、その国の意向を受けて行動しているわけでもない。それに対し、攻撃を受ける場所や人間たちは、まさしくその属する「国家」があってこそ、「テロ」の対象となります。

たとえば二〇〇一年九月一一日の「同時多発テロ」事件の場合、実行犯たちは、アメリカという国家に敵意を抱き、その象徴としてのニューヨークという場所で暴力をはたらいたのだと言えば、この点が分かりやすくなるのではないでしょうか。世界貿易センターで働いていた特定の人を殺害したかったのではなく、アメリカという国家に向けられた敵意があのような形をとったのです。あるいは、イラクで日本や韓国の民間人が拉致され殺害された事件なども、攻撃はその人自身に向けられていたというより、イラクに派兵していた日本や韓国という国家に向けられていたと見ることができるでしょう。抽象的な言い方をするなら、非国家的な集団が国家に対して挑戦し、その一部に攻撃を加えた、という図式になるのです。

このような暴力行為のうち、正規の戦争の形をとらずに、戦争状態にない普通の町中で行われるもの、とりわけ罪もない市民を巻き込むような行為が、狭い意味での、許されるはずのない「テロ」行為です。ただ、その問題はいったん措《お》き、ここではまず、いわゆる「テロ」というものがなぜ冷戦後に急に脚光を浴びるようになったのか、という点を見ておきたいと思います。テロ行為自体は冷戦の終わる前どころか、始まる前からあったのに、なぜ冷戦後、それが大きな焦点になったのか。ここで、冷戦後世界のもう一つの特徴点が浮かび上がってきます。

アメリカが標的にされ、反撃する

その特徴点とは、順を追って話すとこういうことになります。まず第一に、冷戦後にアメリカが唯一の超大国として勝ち残り、いわば《唯一超大国体制》ができあがりました。しかし第二に、そのアメリカは、ずば抜けて豊かなために開発途上国の人々の恨みの対象になりやすく、また、深刻化する一方のパレスチナ問題に関してはイスラエル寄りのためアラブの国々の怒りが向けられやすく、したがって一部の過激な人々による暴力行為の対象にもなりやすい、という状況にあります。そして第三に、ここ数年、アメリカの政権がこうした挑戦に対し、「テロとの戦争」と銘打って真正面から反撃を加えようとし始めた、という点が挙げられるでしょう。二〇〇一年にアフガニスタンで本格的にそれを開始しました。二〇〇三年からの対イラク戦争もそういう危機意識と深い関係があります。唯一の超大国ですから、誰もそれが行う戦争を止めることはできません。それゆえに、単独行動主義とも呼ばれることになりました。

こうして冷戦終焉後、自分たちのアイデンティティを暴力的にでも主張しようとする人々の戦争が起き、怨念を抱く人々の一部による「テロ」行為も行われ、唯一の超大国となった国は以前にもまして武力行使をしがちになりました。それらを見る限り、冷戦が終わったときの、あの心躍るような平和への期待は、これまでのところ、おおむね裏切られていると言わなければなりません。

4　平和の逆説

戦争は人間の本性か

平和には極めて逆説的な面があります。ここでは平和という言葉を「戦争のない状態」という意味で使いますが、その意味での平和ならば誰もが求めるのが普通であり、戦争のほうが良いとあからさまに言う人はほとんどいません。にもかかわらず、戦争に訴えたがる人々は、いつの時代にも必ずいて、それも普通は「平和を守るため」という理由を掲げることが多い。それがここで《平和の逆説》と呼ぶものです。

戦争が人類社会の常態であり、冷戦の終焉という好機の後もなお事態が決定的には変わらないとなると、戦争のない世界などありえないのだろうかと、少し悲観的になってしまいます。人間は殺し合わずにはいられない動物なのだろうか、遺伝的な攻撃性が備わってでもいるのだろうか――。

持って生まれた攻撃性など、できるなら専門家に「そのようなものはない」と否定してほしいところですが、残念ながらそれは、他の動物と同様、種としての人間にもたっぷり備わっている、と断言した専門家がいます。オーストリアの著名な動物行動学者、コンラート・ローレンツです(『攻撃』みすず書房、一九七〇年ほか)。

ローレンツは、「世間一般の人々は、人間が社会の福祉に奉仕するのは理性にかなった責任の意識に従っているからだと考えているが、それは明らかに間違いだ」と述べ、人間は他の動物に比べて種内攻撃や同種殺害、つまり人間同士の殺し合いが多いという研究結果を世に伝えました。当初は同種殺害をするのは人間だけだというショッキングな内容だったのですが、のちに人間以外にも同種殺害をする動物はいることがわかり、その点は修正されました。そうではあれ、同種殺害をする数少ない動物の一つであることに変わりはありません。

もっともローレンツが言おうとしたのは、人間の攻撃性は手の施しようがないとか、したがって絶望的だとかいうことではなく、他の動物同様、人間には殺害抑制能力も備わっているのだということでした。問題は、ある時からその攻撃性と攻撃抑制能力のバランスが崩れて、しばしば攻撃性だけが発揮されるようになってしまったことです。

ある時とはいつか。それは人類が武器を発明した時です。特に武器が近代化し、敵をあっという間に殺したり、遠くにいて視野に入らない敵を殺せるようになると、相手の苦しみを感知できないために、攻撃抑制能力が働き出すひまさえもなくなってしまった、とローレンツは言います。この点こそが、人間の平和の課題として何より重要な点なのです。つまり、攻撃性をどう解消し、薄れようとする攻撃抑制能力をどう回復するか、という点です。

暴力に関するセビリア声明

この問題についてはいろいろな考え方があります。たとえば一九八六年にユネスコが協賛してスペインのセビリアで開かれた、「戦争や暴力面の人間行動に関する専門家会議」は、人間の遺伝的な暴力性や好戦性という考え方を「非科学的」だとして否定しました。有名な、「暴力に関するセビリア声明」と呼ばれる声明ですが、そこでは、「人間の気質の中に戦争や、その他の暴力的行動への傾向が遺伝学的に組み込まれていると考えることは、科学的に正しくない」とされ、「戦争が人間の本能によってひき起こされると考えることも科学的に正しくない」と述べられています。

この見解については、専門家の間でも賛否両論あり、いまだに議論が続いているようですが、科学的にどちらが正しいかはさておき、社会的なメッセージとしてならば、このセビリア声明には注目すべき点があります。それは、「人間は遺伝的に戦争するものなのだから仕方がない、とあきらめたりしない」という姿勢がそこに込められていることです。

考えてみれば、平和を考えるということは、いつもそうしたものだったのではないでしょうか。エラスムスの場合であれ、ボブ・ディランの場合であれ、あるいはそれ以外の人々であれ、現実に戦いが起きている以上、それがなくなるまでは宿命論に陥っているわけにはいかない、ということだったのではないでしょうか。

あきらめない理由

「戦争は人間の常態である」といった言い方に、実は私はやや抵抗を覚えるのですが、それも同じ理由からです。第一に、戦争で殺されていく人々はけっして「宿命だから仕方がない」

などと思ったりはしないでしょう。その人たちに代わって、戦火から遠く離れた人間たちが「仕方がない、あきらめよう」と言って放り出すわけにはいかないのです。第二に、そう言って済ますわけにはいかないと感じ、平和をつくり出す努力を積み重ねる人々がいつの時代にもいた、ということです。エラスムスの前にも、ボブ・ディランのあとにも、あきらめずに平和をつくるために献身してきた人々は、有名無名を問わず数知れずいます。そして第三に、冷戦の前も後も、世界的に見て「戦争をしている国や民族が戦争をしていない国や民族より多かった」時代は極めてまれで、「大多数は戦争をしていない」時期のほうが多かったことです。加えて、二〇世紀以降ですが、不戦の制度化、つまり戦争をしないことを国際法や国際機構というかたちで固めていこうとする流れが生まれ、それは部分的に――たとえばエラスムスの末裔《まつえい》たちのＥＵ(欧州連合)などで――実を結び始めている、ということも見落とせません。

かりに人間の中に、人間を戦争に向かわせる何かがひそんでいるのだとしても、人間の歴史の中にはそれを克服しようとする努力が無数に刻印されています。その二つの力がどう対抗し合っているのか、どこに可能性があり、何がむずかしい点なのか。次話以降、それらについて考えたいと思います。

第 2 話

未完の理想

―国連による平和―

ボスニア＝ヘルツェゴヴィナでなされた国連平和維持活動．©UN

1　平和のための国際機構

国際連盟と国際連合

戦争その他の暴力の絶えない世界ですが、それとの取り組みも絶え間なく続けられてきました。さまざまな試みがありましたが、その一つに、《平和のための国際機構》をつくるという方法があります。通信や衛生などの分野で国際協力を行う近代的国際機構が登場したのは一九世紀中盤ですが、そういう《多数国間の協調体制》を平和の建設という目的のためにも使おう、という考え方が二〇世紀に現れました。二つの世界大戦の後です。

こういう悲惨な戦争をくり返さぬために、平和を強制できるほどに権限の強い国際機構をつくろう――それは平時なら現実化しにくい大胆なアイディアでした。しかし悲惨な大戦がようやく終わり、多くの人がこういう戦争は二度とごめんだと考えているときには、そういう大胆なアイディアでも一気に現実化しやすいのです。

こうして第一次大戦が終わったときに国際連盟が、第二次大戦が終わったときには国際連合(つまり国連)がつくられました。一九一九年につくられた国際連盟規約は、前文で「締約国は戦争に訴えないという義務を受諾し……各国間の平和安寧を完成するために、ここに国際連盟規約を協定する」と述べています(公定訳はカタカナ混じりの文語体ですが口語に訳しました)。また一九四五年の国連憲章も、やはり前文で「われらの一生のうちに二度まで言語に絶する悲哀を人類に与えた戦争の惨害から将来の世代を救う」ために「国際連合という機構を設ける」とうたっているのです。

制裁による平和

《平和のための国際機構》をつくり、それに何をやらせるのか。

いくつかありますが、特に二つの活動が焦点になります。一つは国際紛争を平和的に解決すること(武力衝突が起きる前に対立を収拾させること)、もう一つは侵略などを行う国に対して制裁を加えることです。特に後者が重視されます。つまり、――この点をここでしっかり押さえておいていただきたいのですが――《平和のための国際機構》をつくるというときの要点は、武力で打ち負かすことも含めて、違法な行為に及んだ国に制裁を加える、ということであり続けたのです。

それが良いか悪いかという、割り切った判断はここではしません。言えることは、制裁を加える能力があるかどうか、侵略を鎮圧する軍事能力があるかどうかが、《平和のための国際機構》にとって最大の課題になったことです。あるいは、そういう機構をつくれるかどうかが、国際社会のほとんど強迫観念になった、と言いかえてもよいかもしれません。

ともかく、まず国際連盟がそういう制裁の制度を設けました。国際連盟規約第一六条には、違法な戦争をした国に対し、連盟が経済制裁あるいは軍事制裁を加えることが規定されています。それとともに紛争の平和的解決の手続きも詳細に規定しているのですが（規約第一二―一五条）、制裁を実効的に加えることができるかどうかこそが《平和のための国際機構》としての連盟にとっての試金石なのだ、ととらえる傾向が強かったと言ってよいでしょう。ところが連盟は、日本やドイツの侵略行為に対してはなすすべがなく、イタリアの侵略行為に対する制裁は実施したものの、最終的には不成功に終わりました。そうして連盟は、十分な制裁能力を持たない機構、つまり平和をつくることのできない機構という評価をもって幕を閉じたのです。

戦争をしない世界

では、《第二代・平和のための国際機構》としてつくられた国連はどうでしょうか。国連もまた、再び侵略戦争が起きた場合には力で対処する仕組みを具体的に構想し、機構の基本である国連憲章の中に書き込みました。というより、いくつかの点で国際連盟よりも強力な制裁の仕組みをつくったのです。専門的には、「集団安全保障」と呼ばれる方式を確立した、ということになります(その創始は国際連盟時代です)。

集団安全保障の話は後でまとめてしますが、その前に、国連憲章にはもう一つ別の要素がつけ加えられた、という点を述べておかなければなりません。つまり、そうして国連が強制力を発揮する以前の段階の問題として、国々が武力による威嚇や武力行使をしてはならない、と定めたことです。国連憲章はいわば、「戦争のない世界」を夢想するのではなく、「戦争をしない世界」を構想したのです。

この武力不行使原則は、国際法の歴史の中で画期的なことでした。「戦争」ではなく、それよりも広い「武力行使」を禁止した点においてです。一九世紀まで「戦争」は原則として合法でした。「国家間の紛争解決の最後の手段」として認められていたのです。それが国際連盟のころから次第に違法化され始めました。兵器の近代化とともに戦争がとめどなく残虐になったため、「合法な手段」として放置しておくことがむずかしくなったからです。

この戦争違法化の流れは途切れることなく続き、国連憲章にもしっかりと受け継がれました。受け継がれただけでなく、むしろ、より徹底されたと言うべきでしょう。特に、「戦争」だけでなく、より広い「武力行使」全般を禁止した点です。「戦争」だけを禁止したのでは、「戦争ではない武力行使ならしてもよい」ということになりかねません。実際、第二次世界大戦前夜、チェコスロヴァキアのズデーテン地方を併合した際にドイツが使った口実は、同地方のドイツ系住民が迫害されているからそれを救うために武力行使することも辞さない、というものでした。法的には「戦争」とは呼びにくいケースなのです。そういう口実をどう封じこめるか。

武力行使全般の禁止

国連憲章の起草者たちは、より広く、「武力行使」全般を禁止するという方法をとりました。「戦争」はもちろん違法化されています。個々の国家が行う武力行使のうち、合法なものと認められて残ったのは「自衛権の行使」です。もちろん、侵略の鎮圧などのために国連自身が行う武力行使は、いわば「何よりも合法な」武力行使ですが、これは個々の国家が行う武力行使とは性質が違います。このような、国連自身が行う武力行使を、「強制行動」あるいは「強制措置」と呼びます。その中間に、国連安保理(安全保障理事会)が「やってよい」と一部の国々に許可した、「授権による武力行使」があります。国連安保理から授権されたおかげで合法になった、個々の国々による武力行使です。

これまでの記述では話を分かりやすくするため、普通に世間で「戦争」と呼ばれているものは、それに合わせて「戦争」と呼んできました。しかし、精確に言うと「戦争」と「武力行使」は同じではないのです。とりわけ、法的にかなり違います。やや単純化した言い方をするならば、「いまや合法な戦争というものは存在せず、特定の武力行使だけが合法化されることがある」ということになります(図3)。いかにも法律家ふうの、重箱の隅をつつくような言い方で申し訳ないのですが、《戦争の違法化》と《武力行使の原則的禁止》という、人類が何世紀もかけて到達した、かけがえのない法原則についての使い分けですので、多少ともこだわらずにはいられないのです。

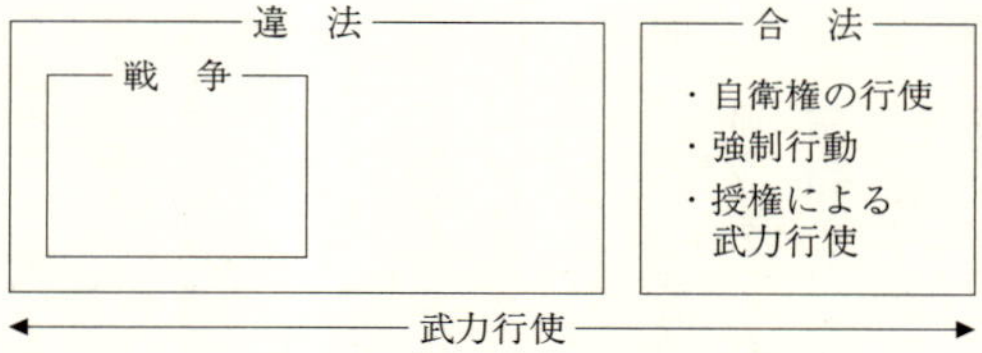

図3 武力行使の一般的禁止とその例外

2 集団安全保障という方式

強制行動

以上のように国連憲章は、国々の武力行使を禁止した上で、「それでも違法な武力行使をする」国に対し、どういう措置をもって臨むかについて、周到な制度作りをしました。国連が、通常は「制裁」と呼ばれる、「強制行動」を起こすという仕組みです(国連憲章自身は制裁という言葉を使っていません)。強制行動には、軍事的なそれと非軍事的なそれがあり、前者はふつう軍事制裁と呼ばれる行動を、後者はふつう経済制裁と呼ばれる行動を意味します。

国連が(安保理の決定に基づき、組織として)そういった強力な行動をとることを、集団安全保障と呼びます。違法な行為をする国に対して国際社会が、反撃や鎮圧や制裁など、国際機構(国連)を通してさまざまな措置をとることが集団安全保障であり、そういう仕組みを確立することが——一九四五年の時点で——国連が《平和のための国際機構》になるということの意味でした。

もっとも、こういう仕組みづくりが、「誰であれ違法な行為をする国は公平に処罰する」ような、純粋な(「きれいごとの」)平和構想として進められたのではないことにも注意しておかなければなりません。国際連盟のときもそうでしたが、いま終わった世界大戦で侵略をおこなった国々の再侵略を防止する、という面が明らかにあったのです。というより、むしろそれが主眼だった、と言うべきかもしれません。

国連の場合それは、ドイツや日本やイタリアが再び侵略した場合への備えでした。それが国連を《平和のための国際機構》にするということの、第一の意味だったのです。この点をとらえて、イニス・クロードというアメリカの国際機構研究者は、「国連は第三次世界大戦を防ぐために作られたと言われるが、実際のところは、第二次大戦が終わってから第二次大戦を防ごうとして作られたと言うほうが当たっている」と書いています。皮肉っぽい言い方ではありますが、実は含蓄に富む、鋭い指摘でもあると言わなければなりません。《平和のための国際機構》になろうとするなら別の役割もありえたのに、すでに手遅れの、あるいはもう不要になった方策を基軸にしたという、国連安全保障体制の本質的な欠陥をつく指摘だからです。

安保理への権限集中

とはいえ、憲章の起草者たちは、新しい安全保障体制を建設するために、できる限りの工夫をしました。国際連盟ではうまくいかなかったと言われる集団安全保障制度を、より優れたものにしようと試みたのです。それはどういう仕組みだったのでしょうか。

まず、強制行動を起こすかどうかの決定は、安保理の独占的な権限です。Aという国がBという国に攻撃をしかけた場合、あるいはAという国がはなはだしい人権侵害をしているような場合、それが「侵略」とか「平和の破壊」とか「平和に対する脅威」(国連憲章第三九条)に該当するかどうかを判定するのも、該当すると判定した場合に強制行動を起こすかどうかを決めるのも、すべて一五の加盟国だけから成る安保理の権限なのです。全加盟国から成る国連総会でも、事務総長や事務局でもありません。

こうして集団安全保障の体制が整えられました。それを実施する方法として、強制行動という考え方が生み出され、その具体的内容も憲章の中に書き込まれました(国連憲章第四一条・四二条)。では、この新しい安全保障体制の具体的適用例にどういうものがあるか、と言いますと、侵略をした国に安保理がどのように反撃し、どのように鎮圧したか、という場合を想像なさる方が多いかもしれません。国際安全保障のことを話しているのですから、それも当然でしょう。しかし、そういう勇ましい例は、いまのところ一つもないのです。

理由は簡単で、軍事的強制行動を起こそうにも、国連独自の軍事力が存在しないからです。昔もいまもありません。国連憲章(第四三条)で予定していた「国連軍」というものがつくられず、したがって動員すべき自前の兵力がないのです。いちおう国連発足後、三年間にわたってその編成が協議されたのですが、米ソ両国の冷戦的対立の中で立ち消えになりました。わずかに朝鮮戦争(一九五〇—五三年)のとき、米軍を主体とする「朝鮮国連軍」が北朝鮮(朝鮮民主主義人民共和国)と激しい戦闘をしましたが、これは米軍とその同盟軍に「国連軍」という名前を使わせたというほうが実態に近く、国連憲章で考えられていた国連軍とはやや違います。

武力行使の「授権」

ここ数年は、一部の加盟国に安保理が武力行使を授権する、といった例が増えました。例えば一九九一年の湾岸戦争です。この場合、朝鮮国連軍よりも更に「国連自身の強制行動」からは遠くなります(図4)。ただ、そのように授権する場合の安保理決議は、「国連憲章第七章に基づいて」という枕詞《まくらことば》をおくのが普通です。憲章第七章とは、集団安全保障と強制行動について書いてある章ですから、一部の国々が安保理からの授権で武力行使するのも、国連の強制行動の変種と見なすべきなのかもしれません。

では、これまでに実施された、間違いなく集団安全保障システムのもとでの強制行動と呼べるものは何か。それは基本的に非軍事的強制行動、いわゆる経済制裁のたぐいです。一九六六年に安保理が、極端な人種差別政権を樹立したローデシア(現在のジンバブエ)の状況が「平和に対する脅威」だとして、すべての国連加盟国に対しローデシアとの経済関係を断絶するように命令したのが皮切りでした。一九七〇年代にはアパルトヘイト(人種隔離政策)を敷いていた南アフリカも「平和に対する脅威」であると認定し、以前からおこなっていた武器禁輸を強化するほか、それ以外のさまざまな分野にも制裁を広げていきました。最近では例えば、旧ユーゴでの武力紛争の際の、セルビア＝モンテネグロ(「新ユーゴ」と呼ばれていました)に対するさまざまな制裁が、多くの方の記憶に新しいであろうと思います。

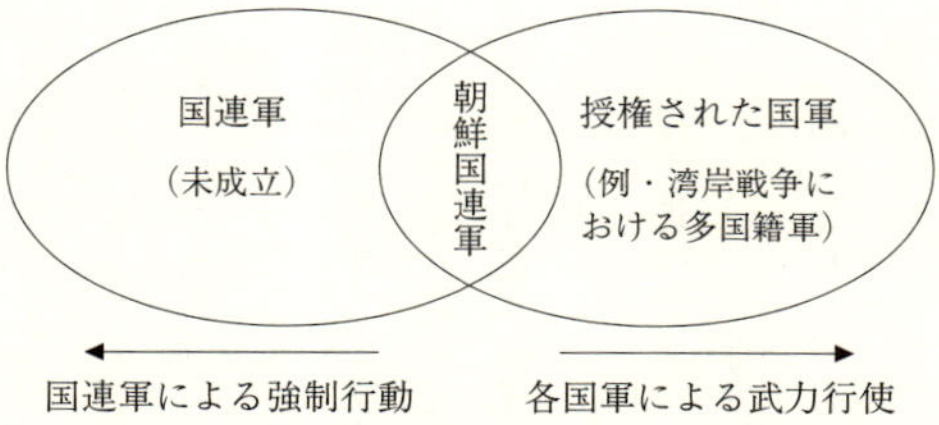

図 4　国連軍と授権された国軍の関係

対イラク戦争

では、二〇〇三年から米英両国を中心に、その同盟国によって戦われている対イラク戦争は、国連の集団安全保障とどういう関係にあるのでしょうか。この戦争については別の岩波新書(『国連とアメリカ』二〇〇五年)に詳しく書きましたので、さらに知りたいという方はそちらも参照していただきたいのですが、簡単に言うならば、あの戦争は国連の集団安全保障体制とはほとんど関係がない、ということになるだろうと思います。反対に、国連の集団安全保障体制に挑戦する面があった、とさえ言えるかもしれません。

この問題を考えるときにまず大切なことは、サダム・フセイン大統領時代のイラクが独裁政権だった→独裁政権は打倒しなければならない→そのための武力行使ならば許される、という手短かな推論はしないことです。独裁政権ならば他にもあるということもありますが、何より、さきほど述べたように、いまや国々は勝手に(安保理の授権もなしに)武力行使をしてはならない、という大原則があるからです。イラクに対する武力攻撃の場合、それを授権する安保理決議はありませんでした。その点で対イラク戦争は、少なくともある時点までは、国連の集団安全保障体制の外側で行われたものと見ることができるのです。

問題の発端は、一九九一年の湾岸戦争のあと、イラクが安保理決議によって大量破壊兵器(核兵器・生物兵器・化学兵器)の廃棄を命じられ、イラクがそれを履行しているかどうか、国連の査察が行われていたことでした。二〇〇二年秋頃からアメリカが、イラクは大量破壊兵器を隠し持っているとして非難を強め、次第に開戦機運が高まったものです。大量破壊兵器を持っていた（いる）のはイラクだけではありませんから、イラクだけが廃棄を命じられるのは一方的だという考えもありますが、「長期的には世界全体から大量破壊兵器をなくす」という目的の一環としてイラクにも求めるのなら、それはそれで肯定できるものではあるでしょう。

しかし、そうではあっても、大量破壊兵器保有の疑惑があるという理由で個々の国々が武力行使をしてよいかは、また別の問題です。実は大量破壊兵器など持っていなかったということは、アメリカとその同盟国がフセイン政権を武力で倒したあと、二〇〇四年から二〇〇五年にかけてアメリカ政府（大統領を含む）が認めるところとなりましたが、そのことさえもここでの焦点ではありません。それ以前の問題として、開戦間近のときにも国連による査察が続いていたこと、それは広い意味での国連の集団安全保障が働いていたということでもあるのです。アメリカとその同盟国の言い分は、「大量破壊兵器があるのに見つからないのだから査察は効果を発揮していない」、というものであったでしょう。しかし、査察はまじめに行われていた以上、「ないから見つからない」ということであったなら（事実はそのとおりでした）、アメリカとその同盟国は国連の安全保障活動を身勝手に妨害したことになります。

授権なき武力行使

そして、いよいよ武力行使断行というときも、ついに安保理の授権決議をとることができませんでした。アメリカやイギリスは、それ以前に採択されていた安保理決議だけで武力行使の根拠として十分だという立場をとりましたが、それに対しては多くの加盟国や論者から批判が加えられていたのです。その批判が正しければ、アメリカ・イギリスとその同盟国は法的な根拠のない戦争を、つまり違法な武力行使を始めたのだということになります。その点でもこの戦争は、国連の集団安全保障体制の外側で行われた行為であり、むしろそれに挑戦する面さえも持っていたと言えるでしょう。

ようやく二〇〇三年一〇月に採択された安保理決議一五一一により、「統合された司令部の下の多国籍軍」に対して「イラクにおける安全および安定の維持のために……必要なあらゆる措置をとる権限を与える」と決めましたが、事態が国連の統制下に入ったと言うにはほど遠いものでした。この戦争を機に、アナン事務総長を中心として「法の支配が脅かされている」という懸念がくり返し表明されるようになったのは、そういう事情を背景にしています。

こうして、一面では理想をこめて発足したはずの国連の集団安全保障体制は、なかなか安定した成果をあげるには至っていません。ものごとが理想通りに進まないのは世の常だとしても、これはやはり気がかりなことです。とりわけ、そういう体制から影響力の強い大国が「外に跳びだして」しまった場合に世界がどうなるか。人類はそれを、国際連盟時代、第二次世界大戦が始まるときに経験しているのです。国連体制と法の支配に対する挑戦を、この経験に照らしてとらえ直してみる必要に、いま私たちは迫られているのではないでしょうか。

3　平和維持活動

想定外の活動

侵略を鎮圧するための自前の軍隊を持たない国連は、いわば「牙のない」国連です。そういう現実は、「平和のための国際機構としての国連」に期待していた人々を失望させました。加えてここ数年は、いま述べたように、集団安全保障体制に対する挑戦までであります。では国連という仕組みは、全く当てにできないのか？　おそらくそうではないでしょう。たしかに本来の集団安全保障はなかなか確立しないのですが、その間、不完全な部分を補う別の機能も生まれてきたのです。安全保障に関して、「牙のない国連」を補うかのように生まれてきたもの――それは平和維持活動という、国連憲章には書かれていない安全保障方式でした。

平和維持活動の起源は、第一次中東戦争(一九四八年)のあとで派遣された国連パレスチナ休戦監視機構(UNTSO)です。休戦を監視する非武装の軍事要員一五〇名前後から成り(二〇〇五年現在)、いまもエルサレムを本部にして存続しています。これに対し、軽武装の要員、すなわち平和維持軍も投入した本格的な平和維持活動が始まったのは、一九五六年のスエズ危機の際です。エジプトがスエズ運河を国有化すると決めたことに対し、利害関係のあるイギリス、フランス、イスラエルの三カ国が反発し、一〇月末にエジプトと交戦状態に入った事件でした。

安保理が緊急に召集され、アメリカなどを中心にして事態の収拾がはかられます。まず一〇月二九日、イスラエルが侵攻し、次いで三〇日、イギリスとフランスがエジプトに最後通牒を突きつけました。ここで驚くようなことが起きます。事態の悪化をくい止めようとしたアメリカが、イスラエルの撤兵を求める決議案を安保理に提出したのですが、これに対してイギリスとフランスが拒否権を行使したのです。主要メンバーの決議案が同盟国の拒否権によって葬り去られるという、誰ひとり予想もしなかった出来事でした。その直後に今度は、アメリカの敵だったはずのソ連がアメリカに同調し、アメリカ決議案を少しだけ修正した決議案を再び安保理に提出しますが、これもまた英仏両国の拒否権によって否決されます。

初めての平和維持軍

問題は安保理から総会へと送られました。通常、国際紛争を安保理が取り扱っている間は、総会がそれに対して勧告をしたりしてはならない決まりなのですが、「平和のための結集」決議と呼ばれる一九五〇年の総会決議により、安保理が拒否権で麻痺した場合には総会が紛争解決に乗り出してよい、ということにルールが変更されていたのです。総会はまず、即時停戦を求める決議を採択し、次いでカナダの提案に基づき、停戦を監視するための国際軍を設置する決議案を採択しました。一一月三日の朝です。この決議で総会は、ハマーショルド事務総長に対し、この国際軍の設置計画を四八時間以内に提出するように求めました。

ハマーショルドの猛烈な努力が始まります。とはいえ、何となく総会から降ってきた指令に受け身で対応していたのではありません。国際軍の派遣を思いついた、カナダのレスター・ピアソン外務大臣と、すでに緊密な協議を始めていたのです。ハマーショルドは最初、ピアソンの着想に懐疑的だったといいますが、ひとたび納得してからは、どういう内容の案ならば国々に受け入れ可能な国際軍になるかを考え抜き、すさまじい速さで報告書を完成させます。一一月五日のお昼過ぎから書き始め、書き上げたのは六日午前二時でした。同日、報告書が国連総会で採択され、史上初の国連平和維持軍の派遣が決まります。名前は「国連緊急軍」(UNEF)とされました(のちに第二次の活動がおこなわれたため、そのときからは「第一次国連緊急軍＝UNEF・I」と呼ばれています)。

それは侵略国を鎮圧するためではなく、紛争当事者の間に割って入り、紛争の再発を防止するための国際軍でした。平和維持軍はひとまとめにしてしばしば「国連軍」と呼ばれますが、「国連軍」とはいっても、国連憲章が予定していた国連軍とは根本的に機能が違います。みずから敵と戦闘するためではなく、国々の戦争を押しとどめるための国際軍なのです。強制的ではない警察行動を行う活動、と言ってもよいかもしれません。国連平和維持軍は「敵なき兵士たち」と呼ばれたことがありますが、それはこういう面を指してのことです。こうして、のべ六〇回(二〇〇五年末まで)に及ぶ、国連の平和維持活動が本格的に始まりました。

平和維持活動とは(1)――同意に基づく軍事行動

平和維持活動について、もう少しお話ししましょう。英語名(Peacekeeping Operations)の頭文字をとって、日本ではＰＫＯと略称されることの多い活動です。日本ではＰＫＦという略称もよく使われ、国連平和維持軍を指すとされますが、国連の活動においては「ＰＫＯ」という活動と「ＰＫＦ」という活動が別々のものとしてあるわけではありません。あくまでも平和維持活動のみがあり、その中の武装した軍事部門(非武装の軍事要員もいます)を平和維持軍と呼ぶのです。

前に述べたようにそれは、紛争当事者の間に割って入り、紛争の再発や拡大の防止を任務とする活動です。その何が重要かと言いますと、要するに、国連憲章で予定されていたような、侵略国その他を実力で鎮圧するのではない国連軍だ、という点です。

間に割って入ることが主目的ですから、かりに武装をしても軽武装で、本格的な実戦部隊を編成することはほとんどありません。武器の使用も自衛や陣地防衛だけのために限られます。

もっとも、一九九三年からソマリアでおこなわれた第二次国連ソマリア活動(UNOSOM・Ⅱ)では、平和維持軍が現地武装勢力と交戦するような事態になりました。これは軌道を外れた失敗例と多くの人が判定していますが、いちおう例外と考えておいてよいでしょう。

強制行動ではない活動をするのですから、紛争地域に強制的に入っていくことも原則としてなく、平和維持軍を受け入れる国の同意がある場合に限られます。たとえば一九七八年以来イスラエル‐レバノン国境に展開されている平和維持活動、国連レバノン暫定軍(UNIFIL)は、国境地帯とはいうものの、イスラエルに軍事侵攻されたレバノンの要請で派遣されたものであるため、両国にまたがるのではなく、レバノン領内にのみ展開されています。イスラエルが自国領内への展開に同意する可能性はほとんどありませんでしたし、レバノン内部の反政府・親イスラエル武装勢力が自分たちの支配地域へのUNIFIL展開を妨害する、という困難さえあったのです。とはいえ、平和維持活動は強制行動ではありませんから、あくまで当事者たちの同意を尊重することを原則に(例外はありました)こんにちまで続いています。

平和維持活動とは(2)——編成と規模

兵力や機材の提供も、強制割り当てによってではなく、加盟国の自発的提供によります(「加盟国」と言いましたが、スイスは二〇〇二年に国連に加盟する以前の、非加盟国の時代から軍事監視要員や機材の提供をおこなっていました）。おのおのの活動への参加国は、事務総長が元締めになって調整し、最終的には安保理の決定によって決めます。当初は「中立的な中小国」で編成し、「五大国（安保理常任理事国）排除」を基本方針にしていましたが、紛争地域の実情をよく知っているといった事情で、次第に常任理事国も加えられるようになりました。

たとえば一九六四年からおこなわれている「キプロス国連軍」（UNFICYP）にはイギリスが加わっていますし、前述のUNIFILにはフランスが参加しています。最近の例でも、二〇〇三年に開始された「国連リベリア支援団」（UNMIL）にはすべての常任理事国が軍事要員を派遣していますし、二〇〇四年に開始された「国連ハイチ安定化ミッション」（MINUSTAH）にはフランスとアメリカが軍事要員を、その二カ国に加えて中国が文民警察を、それぞれ派遣しています。

規模はさまざまで、一九四九年から現在までインド＝パキスタン国境でおこなわれている「国連インド・パキスタン軍事監視団」（UNMOGIP）のように、わずか四五人ほどの軍事監視員というものもあれば、一九九二年から九五年までボスニア＝ヘルツェゴヴィナなどに展開された「国連保護軍」（UNPROFOR）のように、軍事要員だけで最大四万人にまでのぼったものもあります。ただ、武装または非武装の軍事要員だけでなく、文民警察や、国際的な文民要員、および現地雇いの文民要員など、さまざまな種類の要員から成る活動であることを銘記しておかなくてはなりません。参加国数もさまざまで、たとえば日本も参加した「カンボジア暫定統治機構」(UNTAC)という活動などは大変多く、軍事要員および文民警察を派遣した国があわせて四五カ国にのぼりました。

平和維持活動とは(3)――多機能化の傾向

活動内容も多岐にわたります。そもそもは停戦監視などが任務でしたが、最近は特にそれにとどまらず、兵士あるいは武装集団の社会復帰、武装解除、人道支援、選挙支援、人権保障支援、文民警察育成、地雷除去など、実に多くの機能を営むようになっているのです。とりわけ、内戦その他の武力紛争が終わったあとの社会で、再び暴力行使がおきないように支援し、かりそめの平和を安定化させ、定着させるための活動です。いわば「平和定着活動」というべき活動ですが、そういう活動の重要性を強調したブートロス＝ガリ第六代事務総長がそれに“peacebuilding”という言葉を当てたため、日本でも「平和構築活動」といった訳語を当てる人が増えています。英語も日本語も混乱を招きやすい言葉で、あまり適切ではありませんが、より大切なことは、そういう「新しい平和活動」のかなりの部分がこれまでにも平和維持活動として行われていた、という事実です。突然に新しい活動が始まったのではありませんし、万能薬が登場したわけでもありません。なお二〇〇五年一二月、安保理は、この活動を強化するための三一カ国から成る委員会(Peacebuilding Commission)を設置しました。

4　事務総長とは何か

稀有な存在——ハマーショルド

話しを元に戻して、UNEFを設置した頃のハマーショルド事務総長の仕事ぶりについて、少しつけ加えましょう。そこから国連事務総長という職務の特殊性が浮かび上がってくるからです。大きな権限を与えられているように誤解されてはいるが実はそうではなく、逆に大国の身勝手さの前にただただ無力であると言われがちだが必ずしもそうではない——そういう意味での特殊性です。

当時のアメリカ大統領だったアイゼンハワーは、あのときのハマーショルドの献身を次のように賞賛しています。

この人は能力が高いだけでなく、体力もけた外れです。……一日一時間か二時間の睡眠しかとらずに、昼夜を分かたず働き続けています。それもただ働くのではなく、知的で献身的な仕事ぶりなのです。

現在ハマーショルド事務総長の指導のもとに進められている微妙な交渉について、私たちができることはただ一つ、それは彼の仕事をいかなる形でもけっして邪魔だてしないことです。

一つの大国の大統領の言葉として非常に謙虚なだけでなく、この当時のアメリカの対国連政策がどういうものだったかをも、よく表しています。それにしても、これほどの賞賛を受けた事務総長は、その後も多くはありません。

ただ、大事なのは、個人としてどれだけ能力が高かったかということ以上に、このハマーショルドという人が、《平和のための国際機構》である国連の事務総長には何が求められるか、それを強烈に自覚していたということです。それは、特定の加盟国の利害に偏ることなく、国際社会全体の視点から問題に向き合うということを意味します。

口で言うのは簡単ですが、実際にはそれほど簡単ではありません。なにより、国際社会全体の視点とはいっても、現実には利害の異なる国々の立場のうち、国際社会の利益に最も近いどれかを「選択」せざるを得ないわけですから、それと立場を異にする国は事務総長を「偏っている」と批判することになります。実際、このスエズ危機に関しても、当初は停戦決議などに同調していたソ連が、平和維持軍派遣という局面になると反対し始めました。それも一つの原因になって、ソ連はのちのちハマーショルドを「偏向している」と批判し続けたのです。

不偏不党であること

ハマーショルドは加盟国に対して、不偏不党の立場をとりましたが、いわゆる中立ではありませんでした。中立というのは反則を犯した国も犯された国も平等に扱い、どちらに対しても、その国に不利になることは一切言わないということです。それに対し不偏不党であるということは、客観的な基準に立ってどの国も同じように扱うこと、すなわち反則をした国には反則をしたとはっきり言うことを意味します。ハマーショルドはその使命を明瞭に自覚していました。スエズ危機の場合、彼は大国であり安保理常任理事国である英仏両国に対して、堂々と批判を加えたのです。

両国が安保理で拒否権を行使した翌日、ハマーショルドは安保理で次のように述べました。

国連の公僕として事務総長は、紛争解決のためにやむを得ない場合を除き、加盟国間の対立について立場を明らかにすることを避ける義務があります。しかしながら、職務上そのように中立を保つ義務が課せられているのをよいことに、ご都合主義に堕すようなことがあってはなりません。事務総長は国連憲章の基本原則の公僕でもなければならないのです。

そして、憲章の諸目的こそが、事務総長にとって何が正しく何が誤りであるかを決定する、究極の基準なのです。

このように立場のはっきりした事務総長でしたから、批判も受けましたし、彼の手がけたもう一つの平和維持活動であるコンゴでの活動(国連コンゴ活動=ONUC)は、不幸にして大規模な戦闘にまで発展してしまい、ハマーショルド時代の国連の大きな失敗として記憶されることにもなりました。とはいえ、スエズ以外にもハマーショルドが紛争解決や戦争の後始末に関して残した業績はいくつもあり、多くの人々や国々が手腕を認め、高い敬意を払う事務総長であったことに変わりはありません。

北京方式

問題もありましたが、ハマーショルドには、国々の利害を超え、国々に従属するのではない、国連事務総長というもののあるべき一つの形がよく現れていたように思います。政治的にデリケートな問題を見抜く、独特の感受性もありました。一九五五年一月、北京におもむいて、朝鮮戦争で捕虜になった一一名の米軍飛行士の釈放を求めたときの行動に、それがよく現れています。朝鮮戦争で中国は、北朝鮮を支援して義勇軍を送るかたちで「参戦」していました。それで米軍兵士が中国の捕虜になるということも起きたのですが、一九五四年一二月に国連総会は、その件で中国を非難する決議を採択します。同時にこの決議は、事務総長に対し、「国連の名において」一一名の捕虜の釈放を求めることを要請しました。

ハマーショルドは苦しい立場に立たされます。国連がはっきりと「非難」している相手と交渉せよというのですから、それが容易であるはずはありません。熟考の末にハマーショルドは、中国の周恩来首相に極秘の電報を打ち、自分は(中国と敵対している)国連総会決議に従ってというより、事務総長としての資格において中国政府と話し合いたい、と訴えます。これにより中国のメンツは保たれ、交渉は成功しました。越権行為すれすれの微妙な行動ではありますが、そうすることによってしか中国政府の信頼は得られなかった、とは言えるでしょう。国連事務総長にはしばしば、こういう勇気とバランス感覚が求められます。

基盤はまだ弱い

もっとも、事務総長がこうして大きな役割を果たしうるとは言えても、事務総長にどういう権限が与えられているか、実はあまりはっきりしていません。どういう場合に「事務総長個人の資格において」行動してよいのか、その際どれほどの行為までなら許されるのか——。事務総長に国際平和のための活動を期待すると考えるのならば、その権限くらいは明確にする必要があるのです。さもなくば、いかに事務総長に熱意があっても、その平和のための活動が成功するかどうかはすべて状況次第、ということにもなりかねません。

一九九八年春、米英両国がイラクに対して武力行使をしようと身構えていたとき、アナン事務総長がバグダッドにおもむいてフセイン大統領と緊急協議し、彼から一定の譲歩を引き出した上で米英にも戦争を思いとどまらせた、ということがありました。そのとき私は、アナン事務総長の手腕を評価する一方で、ひとまず戦争は回避されたが、こういう方法がうまくいくかどうかは状況次第という面があると指摘し、そこに現れた国連平和体制の構造的な弱点を早くあらためなければ、遠からず戦争の危機が再び訪れるかもしれない、と書きつけました(『朝日新聞』一九九八年三月四日夕刊＝『国境なき平和に』みすず書房、二〇〇六年、に収録)。不幸にしてその予感が、五年後に現実化したことになります。

それが国連の平和体制の大きな課題です。そして、それ以外にもさらにいくつか、課題があるのです。最後にそれを見ましょう。

5 国連安全保障体制の未完性——課題は何か

しなければならないこと

《平和のための国際機構》としての国連には、一方で見るべき成果もありますが、限界や課題もまだ数多くあります。

たとえば平和維持活動は、武力紛争の再燃を防ぐなど、いくつもの成果を生む一方、間に割って入るだけで紛争の根本的な解決にはならない、といった限界もあります。紛争当事者に平和維持活動への「依存症」を植えつけるだけなのではないか、といった厳しい見方もあります。たしかに、たとえばキプロスで展開している平和維持活動、キプロス国連軍などは、一九六四年、にらみ合うギリシャ系住民とトルコ系住民の間に割って入ったきり、もう四〇年もずっとそこにいたままです。紛争の本体を解決することは、平和維持活動だけではどうにもならないわけで、別の方法で補わなければなりません。

また、近年ますます問題になっている国際テロ組織の規制なども、全く別の対処を考えることが必要です。特定の領土で戦争をしているのとは違いますから、平和維持活動のような手段は使いようがありませんし、おそらく、強制行動のような手段もあまり有効ではないように思われるからです。一部の人間たちを自爆攻撃のような暴力的な手段にまで追い込む根本の世界問題、たとえば極端な貧富の格差を解決する努力もしなければなりません。また、そういう問題とは無関係に(なかば虚無的に)無差別の暴力行為をはたらく集団があるのなら、そういうテロ組織への資金の流入をくい止める仕組みを整備する必要もあります。表面的には似ているようで実は根底では多様な問題に応じて、さまざまな方策を構想し、組み合わせることが求められているのだと思います。

構造的欠陥

しかし最後に、そういうこととは全く別の、国連憲章の安全保障制度に組み込まれた大きな問題点があります。それは、いずれにせよ国連の体制は、いまなお国々の違法な武力行使に対して強力に対処できる体制になっていないのですが、とりわけ、安保理の常任理事国が武力行使した場合には何もできないに等しい仕組みであることです。常任理事国が拒否権を持っている以上、それに対して制裁を加えるような安保理決議が可決されるはずはないのです。スエズ危機ではそれが実際に起きました。この時は「平和のための結集」決議を持ち出してどうにか対処できたものの、その後はそういう例もほとんどありません。そういう場合を考えて基本原則をどう構想し直すかが、今後の国連の課題です。

この際、もう一度国連憲章の武力不行使原則を強化し、国連を国際的な警察行動の中心へと戻してやることが必要だと思われます。国境を越えたテロ活動があったりして国際的な不安感が高まる中、特に不安感の強い国々の中には、「そのような事態に対して国連は無力だから、自分で武力行使をして悪漢を駆逐する」、といった行動様式をとる国も現れます。アフガニスタンやイラクに対するアメリカとその同盟国の行動などがその例でした。

それらの国々の不安や焦燥感に全く理由がないとは言えません。しかし、そういう場合でも「皆で決めて皆でやる」というのが国連憲章の大原則でした。「多国間主義」と呼ばれる国際社会の運営方式です。それを無視して単独でも武力行使をするというやり方は、武力行使の国際的な正統化なしに行うやり方ですから、「法の支配」を顧みない「力の支配」であることにもなります。しかし、そもそも国連憲章の安全保障体制は、法の支配を根本原理として、それを多国間主義に依拠して実現する、というものでもあったのです。

そういう悠長なやり方は待たない、というのが最近の一部での流行のようです。いわば自警団を作るのに似ています。しかし、自警団方式の安全保障なら、太古の昔からありました。それを続ける限り、国々の身勝手で恣意的な武力行使がおさまらないからと考え出されたのが、多国間主義に基づく集団安全保障だったのです。それを新しい時代の要請に合わせつつ、揺らいだ基礎をどう建て直すか、しばらくは国連の正念場が続きます。

加盟国の責任は大きい

そこにおいて「国連」とは何を指すのでしょうか。それは加盟国です。たった一人の事務総長ではありません。かりにハマーショルドのような傑出した事務総長がいたとしても、事務総長自身の権限は限られたものですし、それだけでは十分ではないのです。まず加盟国の一致した政治的意思がなければなりません。その上で、有能かつ不偏不党の事務総長に敬意を払い、事務総長の仕事をアイゼンハワーのように支える――そういう体制こそが国連を有用にする、最も合理的なあり方であるように思います。

二〇〇三年九月、第五八回国連総会の開幕の日に、アナン事務総長は「代表の皆さん、国連とは皆さんのことなのです」と言い切りました。対イラク戦争で国連の平和体制が揺らいだことへの理解を求め、その立て直しの責任は誰よりも加盟国にある、と訴えたのです。総会議場は大きな拍手に包まれました。加盟国がその拍手をみずからの行動へとつなげていくことができるかどうか、いま、それが問われています。

第 3 話

平和のための法

―国際人道法と国際刑事裁判―

国際刑事裁判所の裁判官就任式典で演説するコフィ・アナン国連事務総長.（写真提供＝ロイター・サン）

1　武力紛争のルール

けんかのルール

だいぶ以前に、アメリカ人の友人からアメリカの子供のけんかには大きなルールが三つある、と教えられたことがあります。その一、年下の子は殴らない。その二、女の子は殴らない。その三、眼鏡をかけた子は殴らない。複数の人から聞きましたので本当のことなのだろうと思いますが、それぞれに合理的な理由があって、なかなか面白いと思いました。

国際法にもこれと似たルールがあります。武力行使をするときに守るべきルールで、どういう兵器ならば使ってよいか、どういう戦闘方法ならばおこなってもよいか、等々を定めるものです。かつては交戦法規などと呼ばれていました。いまはそれに戦争犠牲者の保護のルールを加え、ひとくくりに「国際人道法」と呼びます。

国際法の用語には、専門外の人には意味の分かりにくいものがいくつかありますが、この国際人道法などもその一つではないかと思います。ときおり、飢餓に苦しむ人たちを救う人道援助についての取り決めですか、といった質問を受けることがありますが、そういうものとは全く違います。敵を攻撃する時にはどういう兵器を使ってはいけないかとか、捕虜に対してはどういう待遇を与えなければならないかとか、そういったルールの体系なのです。

そう言いますと、法律的な勘の働く人はこう聞き返してきます。「国連憲章のもとでは戦争はむろん、それ以外の武力行使も原則として違法化されているのだから、その違法な行為について何が合法で何が違法かの決まりがあるというのはおかしいのではないでしょうか?」

そうです。論理的にはおかしいことなのです。殺人は違法な行為であり犯罪だとしておきながら、どういう殺し方なら合法であり、どういう殺し方なら違法であるかを決めているようなものだからです。

けんかが無くならないので

とはいえ、論理的にはおかしくとも、実際的にはそうすることが避けられませんでした。武力行使が違法化されたといっても実際には武力行使が起きてしまいますし、放っておくと戦争のやり方が果てしなく残虐になってしまいます。何があっても保護されねばならないはずの一般市民も、数多く犠牲になりかねません。それを防ぐために国際社会は、武力行使が違法化される以前から使われていた交戦のルールや犠牲者保護のルールを引き続き適用し続けるだけでなく、さらにルールの種類を増やし、紛争の現場できちんと適用されるようにするための工夫

表1　国際人道法を構成する主な条約

犠牲者の保護	・ジュネーブ条約(1949年) 第1条約(傷病兵保護条約) 第2条約(海上傷病兵保護条約) 第3条約(捕虜待遇条約) 第4条約(文民保護条約) ・ジュネーブ条約追加議定書(1977年) 第1議定書(国際武力紛争の犠牲者の保護) 第2議定書(非国際武力紛争の犠牲者の保護)
交戦法規	・サンクト・ペテルブルク宣言(1868年) ・陸戦の法規慣例に関する条約(ハーグ陸戦条約)(1907年) ・生物毒素兵器廃棄条約(1972年) ・化学兵器禁止条約(1992年)

を積み重ねてきました。

逆説的ではありますが、おそらく国際人道法は、国際法のさまざまな分野の中でも、第二次大戦後とりわけ充実した分野だと言ってよいと思います(表1)。まず一九四九年、戦争犠牲者の保護に関する四つの根本的な条約が作られます。まとめてジュネーブ条約などと呼ばれるもので、最初の二つは武力紛争の負傷者などに関するもの、第三条約は捕虜の待遇に関するもの、そして第四条約は文民の保護に関するものです。一九七七年には、これら四条約を補完する目的で二つの条約が追加されました。一九七七年の追加議定書といい、それぞれ国際的な武力紛争と、内戦のような非国際的武力紛争の場合に関して、負傷した兵士の保護や、文民の保護について詳細な規定を設けています。

加えて国際人道法については、第二次世界大戦が終わったときにもその後も、実際にそれを適用する国際裁判所というものが作られ、それがまた国際人道法の内容に新しいものを付け加える、という経過をたどってきました。武力紛争さえなければ起こらなかったであろう発展ではありますが、ともかくもこうして、国際人道法は「書かれただけの法」から「生きた法」へと変成していきます。

さまざまなルール

国際人道法には、国際法には珍しいほど細かい規定がたくさんあります。例えば人体を貫通せず体の中にとどまるような弾丸を使ってはならない、という一八九九年に作られた規則があります。撃たれる人間に不必要な苦痛を与えてはならない、という配慮からです。また一九四九年のジュネーブ第三条約には、捕虜は抑留国(つまり捕虜収容所を運営している敵国)のすべての将校に敬礼しなければならないが、同じ捕虜でも将校の場合は自分より上級の将校に対してのみ敬礼をすればよい、といった規定まであります。軍人の間の儀礼を重んぜよ、という趣旨からでしょう。

では、パラシュートでゆらゆらと降下してくる兵士を攻撃することは許されるでしょうか。これは許される場合と許されない場合があります。パラシュート部隊の兵士が攻撃の一環として降下している最中ならば攻撃してもよいのですが、撃墜された飛行機から脱出してパラシュートで降下している場合は攻撃することが許されないのです(一九七七年の第一追加議定書)。

こまごまとした規定ぶりですが、細かいだけでなく、実はいまのパラシュート兵士の例などは、国際人道法の本質の一つを実に明快に表しています。パラシュートで降下中である点は同じでも、二つの場合には本質的な違いがあるのです。つまり、パラシュート部隊の兵士は戦闘中であるのに対し、脱出して空を漂う兵士は戦闘できない状態にあると見なされる、ということです。戦闘中の兵士なら攻撃してよい、しかし戦闘外に置かれた兵士は攻撃してはならない――そういう根本原則を反映した細かいルールなのです。

先ほど述べた、不必要な苦痛を与えてはならないというのも、もう一つの根本原則です。それに加え、ある意味ではもっと根本的な原則があります。戦闘員と非戦闘員(一般市民など)をしっかり区別し、非戦闘員はけっして攻撃してはならない、という原則です。また、攻撃するのは相手が軍事目的に使っている施設や装備、つまり「軍事目標」に限られ、民間の施設のような「非軍事目標」に攻撃を加えてはならないという原則もありますが、それも同類の原則だと言ってよいでしょう。

こう見てきますと、国際人道法というものは、「けんかのルール」の部分よりも、むしろ、「けんかに直接の関わりを持たない人たちを保護するためのルール」の部分のほうが多いと言えるかもしれません。また、そうであるなら、武力行使は違法化されたのに武力行使の仕方に関するルールが増えたということは、実は見た目ほど法的に矛盾してもいないのです。

国際人道法のもとでどういう兵器ならば使ってよいかという問題に関して、何より大きな関心をかき立てられるのは、核兵器を使うことが法的に認められるかどうかという点です。ただこれは、もう少し広い文脈で考えなければならない問題ですので、関連する論点とまとめて、第7話で扱います。

2　ニュルンベルクと東京の遺産

国際軍事法廷から国際刑事法廷へ

国際人道法の活性化は、第二次世界大戦後、戦争犯罪や人道に対する罪を裁くための国際刑事裁判が実施され、蓄積されてきたことと深く関係しています。

まず第二次大戦後、ドイツおよび日本の戦争犯罪人を裁くために、ニュルンベルク国際軍事法廷および極東国際軍事法廷が設けられました。極東国際軍事法廷とは、いわゆる東京裁判のことです。裁きの対象となった罪は、平和に対する罪(すなわち侵略)と、人道に対する罪、戦争犯罪の三つです。人道に対する罪とはこの頃、ユダヤ人に対する集団殺害など、いまで言うジェノサイドを指していました。これに対して戦争犯罪とは、使ってはいけない兵器を使ったり捕虜を虐待したりといった、狭い意味での交戦規則の違反を指します。

また、これらの裁判所は戦争処理の一環として、かつ勝者が敗者を裁くかたちで行われたため、国際軍事法廷という名前が与えられましたが、後で見るように、最近は国際刑事法廷(ないし裁判所)という言葉が普通に使われるようになっています。あくまで国際人道法違反を裁くことが主眼で、戦争に敗けた側に対して罰を加える趣旨ではない、という変化を反映しているものと言えるでしょう。その意味ではまた、裁判そのものは国際人道法裁判と呼ぶのが、現在では適当だと私は考えています。以下では、折々その言葉を使います。

この二つの裁判に対しては、平和に対する罪や人道に対する罪は事後法である、という批判もありました。「勝者の裁き」だという批判もありました。そうした批判は法廷の弁論でも主張されています。たとえば、日本側の弁護人を務めたアメリカ占領軍将校のベン・ブレークニー少佐は、被告たちを(戦争犯罪である)殺人で起訴することについて、「ならば広島・長崎に投下した原爆の残虐性は誰が裁くのか」という趣旨の、鋭い弁論を展開しています。

自国が裁こうとしている敵国を弁護するなど信じがたいという方もあろうかと思いますが、本職の弁護士でもあったブレークニーのとった行為は、法律家という職業の最も良質の部分を示したものであるような気がします。自国の利害を超える、普遍的な法的基準というものを信ずる点においてです。あの戦争が正しかったという意味ではありません。法的な「ものの考え方」の持つ、強烈な平衡感覚がここによくにじみ出ているように思うのです。とりわけ、戦争に勝った側なら広島・長崎での行為も不問に付されるのかという問いは、いまなお有効性を失っていないのではないでしょうか。

新たな法原則

さて、そうした批判もありましたが、最終的にそれらの罪は法廷で適用され、いくつもの有罪判決をもたらすことになりました。いま触れた問題点にもかかわらず、そうして実際に適用されたことにより、国際人道法は歴史的な一歩を踏み出すことになります。国際法が抽象的にルールを述べるだけでなく、現実世界のできごとに適用され、国際法上の犯罪者を実際に裁いてみせたのです。

その裁きの過程で、のちのち国際人道法を特徴づけることになる、いくつかの新しい法原則も生まれました。例えば個人責任の原則があります。国家の行為の責任を具体的な個々人に負わせるという原則です。侵略であれ、集団殺害であれ、国策としてなされるのが普通ですが、抽象的に国家を裁くということはできませんから、国家の違法行為に対して深い責任を負う個々人を裁くことが国際法の実効性につながります。国際人道法違反に対する裁判が、そういう考え方に現実のかたちを与えたのです。

また、「上官の命令だった」という言い訳は許さない、という原則もほぼ確立しました。ニュルンベルク国際軍事法廷憲章第八条は、「被告が本国政府または上官の命令で行為した場合でも、被告は法的責任を免れることはできない」と述べています。この原則は兵士たちに重くのしかかります。戦争犯罪になってしまうことをやれと命令されたときに、そのとおりに行為するかどうかの判断が、個々人の良心に任されることになるからです。とはいえ、国家や上官の命令だったという「上官命令の抗弁」を認め続ける限り、国際人道法裁判というものはいつまでも成り立ちません。それを成り立たせるために、国際人道法はあえて倫理的に重い原則を導入したのです。

国際法で裁くことと国内法で裁くこと

二〇〇四年の春、米軍兵士によるイラク人の虐待問題が発覚し、世界中に衝撃を与えました。捕虜であれ文民であれ、虐待などしてはならないというのが、国際人道法の最も基本的なルールです。ただ、いずれあらためてお話ししますが、現在の国際法体制では、戦争犯罪や人道に対する罪について、容疑のかかった米軍兵士を何らかの国際裁判所で裁ける可能性は全くありません。あくまでアメリカ自身の国内裁判所による裁きを待つほかないのですが、今回の事件では数名の容疑者が軍法会議で裁かれました。軍法会議も「国内裁判所」の一つです。

軍法会議にかけられるためには、予備審問でそのように決定されなければなりません。その予備審問の段階で、国際法に従って裁くことと国内法に従って裁くことの違いを見せつけられるできごとがありました。最初に予備審問に臨んだ被疑者、リンディ・イングランド上等兵は、自分がイラク人の首にひもを回して犬のように扱ったり、犬をけしかけて虐待したりしたのは「上官の命令だった」と抗弁したのです。他の被疑者も同様だったようですが、それが事実と認められれば、アメリカの法律では軍法会議にかけられずに済みます。こうして、国際裁判でなら通用しなくなりつつある上官命令の抗弁が、国内裁判では通用し、自分の無罪を主張する根拠にさえなりうることを改めて見せつけられ、国際法の専門家は割り切れない思いをしたのです。

国内法を基準に考えるなら、軍人が上官の命令に従うのは当然の義務であり、それに逆らうことこそが違法になるでしょう。しかし国際法を基準に考えるなら、上官命令の抗弁をしたところで、情状酌量くらいはしてもらえても、それによって虐待が合法化されるなどということはありません。現代の国際法が求めるのは、自分の国家に無限の忠誠を誓うことではなく、どの国の人間に対してであれ極度に非人間的な仕打ちをしない、ということなのです。そういう国内法と国際法のギャップが、時折こういう形で顔を出します。

連鎖する国際刑事法廷

さて、こうしてニュルンベルク裁判と東京裁判の遺産が残りましたが、その後しばらくの間、このような国際人道法違反を裁くための国際刑事法廷が設置されることはありませんでした。久しぶりに設置されるのは、一九九〇年代、旧ユーゴスラヴィアの武力紛争とアフリカ・ルワンダの内戦で起きた虐殺を裁くために、国連安保理が旧ユーゴ国際刑事法廷(ＩＣＴＹ)とルワンダ国際刑事法廷(ＩＣＴＲ)を作ったときです。このほか、シエラレオネでの残虐行為を裁くシエラレオネ特別裁判所も国連が関与しています。

旧ユーゴでの残虐行為は数々あったと伝えられていますが、特に「民族浄化」と呼ばれる行為が世界に衝撃を与えました。敵民族を抹殺するかのように徹底した虐待と虐殺を行う行為で、いくつかの民族同士がやり合ったと言われています。一つの事件としては、一九九五年に起きたスレブレニッツァの虐殺という事件が、とりわけおぞましいものとして知られることになりました。国連平和維持軍がいたにもかかわらず、約八〇〇〇人のモスレム人たちがセルビア人たちに虐殺されたという事件です。またルワンダの場合、フツとツチという異なった人間集団(普通は「部族」と呼ばれていますがここでは避けます)が鎌や斧を持って虐殺し合う、凄惨きわまりない事態が現出しました。強大な軍が無抵抗の市民たちを襲うのとは違い、防げなくはなかったはずの悲劇だったのです。

国際人道法違反を裁く裁判所が次々とつくられたのは、こうした残虐行為を一日でも早くやめさせるためでした。また、紛争が終わった後は、裁くべき人間たちをきちんと裁くことによって民族の和解を進めるためでした。たしかにそこには、特定の国や人間集団だけを裁くことになる、といった問題もあります。しかし、そういう問題点も頭の隅に置いて言うなら、この裁判所急増の過程で、国際人道法というものが長足の進歩を遂げたのも、またたしかなのです。二〇〇二年には、その一つの仕上げとして、特定の国の特定の事件や犯罪ではなく、どこで起きた事件についても裁判することをめざす、国際刑事裁判所（ＩＣＣ）が設立されました。

国際人道法のいま

国際刑事裁判所についてはのちにお話しすることにして、そうして急速に進展した国際人道法がいまのところどういう内容のものになっているのか、その点を整理しておきましょう。ここでは一応、国際刑事裁判所をつくった条約である、ローマ規程という条約を土台にしてお話ししておきます。それは、大きく分けて三つの部分から成っています。

第一に集団殺害罪です。英語のジェノサイドという言葉でもよく知られています。特定の人間集団を絶滅させたり、絶滅させないまでも大量に命を奪ったりすることです。これこそが、第二次世界大戦後における人道法の発展の原点でした。国際社会は、第二次大戦の頃の、あのジェノサイドを二度と起こさぬために、さまざまな法制度作りを進めてきたのです。

第二に人道に対する罪です。ニュルンベルク裁判では、この言葉はジェノサイドを意味していました。いまはジェノサイドとは切り離され、文民(つまり戦闘員ではない人々)に対して加えられる、さまざまな非人道的行為を指します。具体的には、殺人のほか、人間を奴隷のように扱うこと、強制移住、拷問、あらゆる種類の性的暴力などがそれに含まれます。

第三に戦争犯罪です。相手方に不必要な苦痛を与える兵器を使ったり、戦闘員と非戦闘員を区別しない攻撃をしたり、捕虜を虐待したりという、戦争のやり方に関するルールを破る行為が戦争犯罪です。

ローマ規程ではさらにもう一つ、罪が書き加えられています。侵略の罪です。しかしこれに関しては、何が侵略かについて国々が合意できず、当面はこの罪で人間を裁くことができないことになりました。そこに一つのねじれが見られます。ニュルンベルクおよび東京裁判でそれは、「平和に対する罪」と呼ばれていました。戦後国際法の礎《いしずえ》となったこの「罪」が、国際人道法の発展の中で、一時的にではありますが、忽然と消えてしまっているのです。国際法で「犯罪」を定めることがいかに難しいものであるかを、この事実はよく物語っています。

3　ジェノサイドの最前線——人道法裁判の攻防

続くジェノサイド

第二次世界大戦中のジェノサイドがきっかけとなり、戦後、国際人道法と国際人道法裁判が活発化しました。ただ、戦中と戦後では、二つの点で大きく違っています。第一に、ジェノサイドと呼ばれるものの規模が変わりました。ナチス・ドイツのユダヤ人に対するホロコーストは、全体で六〇〇万人と言われていますが、近年ジェノサイドと呼ばれるものの中には、スレブレニッツァの虐殺のように、数千人単位のものもあります。ホロコーストの千分の一の規模でもジェノサイドと呼ばれ重大犯罪の扱いを受ける——国際社会の法意識がそれだけ変わったのかもしれません。

第二に、こういう国際犯罪というものがジェノサイドにとどまらずに、さまざまな「人道に対する罪」へと拡張しました。すでに多くの裁判例がある旧ユーゴ国際刑事法廷の場合を見ますと、被告人の罪状のかなりの部分が、文民の殺人や虐待や性的暴力といった人道に対する罪なのです。

ではジェノサイドそのものが減ったのかというと、必ずしもそうではありません。規模が大きいか小さいかの違いはありますが、ある程度まとまった数の人間たちが殺害される悲劇は、第二次大戦後も、冷戦終焉後も、連綿と続いているのです。相当な規模のものも混じっていて、つい最近の例でも、スーダンのダルフール地方で起きた殺害は、数万人から数十万人にのぼると推定されています。

市民的ジェノサイド

そういった、規模の大きい部類のジェノサイドの一つに、前に触れたルワンダでのそれがありました。起きたのは一九九四年、被害者は八〇万人から一〇〇万人といわれます。それも、殺害の大部分はわずか一〇週間ほどに行われたもので、期間の短さと犠牲者の多さを考慮に入れるなら、ナチスのホロコーストに匹敵するといっても過言ではありません。

ただ、ホロコーストとの根本的な違いが一つあります。ナチスのように強大な軍事的権力が存在し、その権力が弱者をなぶり殺しにしたというより、異なった集団に属する一般市民同士の殺し合いが相当に含まれていた、という点です。対立していたのは、その当時は政府権力を握っていたフツと、その当時は反政府側だったツチでした。数年にわたり内戦状態でしたが、九四年の時点では主にフツがツチを虐殺するという構図でした。逆のケースもありますし、フツ過激派に殺害されたフツ穏健派もいます。とりわけ凄惨だったのは、フツの一部が「ツチを殺せ」とそそのかす煽動放送をラジオで流し、それにあおられた多くの一般人が鎌や斧を使って殺害に走ったことでしょう。このような狂乱状態が五月から七月末まで続きました。

このむごたらしいできごとを私は、《市民的ジェノサイド》と呼んでいます。政府軍兵士やフツ過激派民兵による虐殺も無論あったのですが、権力による組織的ジェノサイドとは異なった、ふつうの市民による虐殺の集積だったという面をとらえてのことです。組織的でない、ふつうの市民による、鎌や斧による虐殺の集積であったのなら、それを防ぐのもさほど困難ではなかったでしょう。にもかかわらずそれを防げなかったことの異様さが、この事件のとりわけ衝撃的な点なのです。当事者にはすでに防止能力はありませんでした。そうすると誰か部外者が止めに入らなければならなかったことになります。しかしその防止行動を、国際社会は肝心なところで怠ったのです。

もう一人の犠牲者

このときルワンダには、国連ルワンダ監視団(UNAMIR)という平和維持軍が展開していました。しかし、これといった資源もなく、戦略的に重要であるわけでもないルワンダに対して、関心を払う国は多くありません。とくに大国の一部は、国連事務局の支援要請にもほとんど熱意を示さないというありさまでした。

もともとＵＮＡＭＩＲは停戦監視が主な任務で、装備も軽く、人数も二五〇〇人程度と小規模だったのです。加えて、九四年四月にベルギー部隊の兵士が一〇名、武装勢力に殺害されるという事件が起き、比較的訓練の行き届いていた数少ない部隊であるベルギー軍が撤退を決めました。ＵＮＡＭＩＲの人員は一挙に一五〇〇人にまで減ります。

虐殺が本格化する中、国連安保理は何をしたか。こともあろうに、このＵＮＡＭＩＲの人員を一挙に二七〇人に減らすという決議を採択したのです。ＵＮＡＭＩＲ司令官の反対を押し切るだけでなく、「もう五〇〇〇人追加してくれれば治安は維持する」という彼の訴えも退けての決定でした。そうして、防げなくはなかったはずの虐殺がとめどなく進行します。その結果、犠牲者八〇万ないし一〇〇万人という、未曾有の市民的ジェノサイドになりました。

さて、このジェノサイドの背後には、もう一人の犠牲者がいます。一九九三年一〇月から九四年八月までＵＮＡＭＩＲの司令官だった、カナダのロメオ・ダレール准将(のち中将)です。援軍要請を断られたこの司令官ができたことは、目の前で暴行され虐殺される人々を、なすすべもなく見つめることでした。加えて、兵士一〇名を殺されたベルギーからは、ダレール司令官の責任を問う非難の大合唱が届いていたのです。なすすべもなく見ていたというのは言い過ぎかもしれません。二七〇人に減らすという安保理決議を受けて三五〇人ほどに減った頃、彼はその人員だけでも市民を守れるだけ守ると決め、二万人あまりのルワンダ人を保護下に置いて、その人々の生命を守ったのです。しかし焼け石に水なのは明らかで、虐殺が一段落した八月、彼は辞任を申し出てカナダ陸軍に帰任しました。

悪魔との握手

もし「痛恨の」という言い方が許されるなら、援軍要請をほとんど無視したことは、まさしく安保理の痛恨の失策だったと言えるでしょう。三五〇名ほどの軽武装の兵士で二万人以上の人々を守れたのなら、五〇〇〇ないし六〇〇〇人の兵士がいればあの惨事はかなり食い止められたかもしれない、と考えられるからです。皮肉なことに安保理は、九四年五月に、UNAMIRの要員を五五〇〇人に増員する決議を採択しました。もっとも、それがすべてそろったのは、一〇月に入り、ダレール氏が去ってずいぶん経ってからです。

その彼が、なぜ犠牲者なのか。平和維持軍の司令官として、必要な装備も人員も与えられず、失意のうちに任地を離れたことだけではありません。責任感の強い性格だったこともあり、カナダに帰国後も、虐殺を止められなかった自分を責め続けたのです。二〇〇二年のインタビューで、彼はこんなふうに証言しています。

事件から八年たってもまだ、傷ついた子供たちの叫び声や、死を免れた人々の泣き声が耳の奥で響きます。死臭からも逃れられません。最悪なのは、暗闇の中に数万人もの人間の目が浮かび上がり、怒りと非難のこもった、そしていつまでも救いを求めるまなざしを私に向けてくることです。

重いPTSD(心的外傷後ストレス障害)が現れていました。うつ病にかかり、薬物とアルコールの中毒になりました。二〇〇〇年に病気除隊となった直後には、オタワの隣町の公園で、薬物とアルコールの併用により昏睡しているところを救い出されたこともあります。

幸い、その後、病状はほとんど回復しました。二〇〇三年には、ルワンダでの体験を事細かにつづった『悪魔との握手』という大著も出版しています。妙な表題ですが、彼がカナダに帰国した後、軍隊付きの牧師さんが彼に「あれほどの体験をした後でも神を信ずることは可能ですか」と聞いたことが、そのきっかけでした。それに対してダレール氏は、「可能です、自分はルワンダで悪魔と握手もしたし、においも嗅いだし、さわりもしました。悪魔が存在することを知っているから、神が存在することを信じられるのです」と答えたというのです。悪魔とはルワンダ人の中の、狂気に走った人々でもありますが、それだけではありません。状況がひどく悪化していることを知りながらルワンダを見捨てた、国際社会のことでもあるのです。

現在ダレール氏は、戦争の犠牲になった子供たちの救済に関わる活動をしています。国際人道法の最前線の仕事です。「悪魔との握手」の副題は「ルワンダにおける人道の失敗」というものですが、にもかかわらず人道を重んじなければならないという彼の言葉に、ひとすじの希望を見いだす思いがします。

4 ベルギー人道法

「自分たちが裁く」

さて、ダレール氏は国際社会がルワンダを見捨てたと言いましたが、実は後追いでルワンダに向き合っています。

先に述べたように、一九九四年、国連安保理はルワンダでの国際人道法違反を裁くため、ルワンダ国際刑事法廷という特別の裁判所を設置しました。タンザニアのアルーシャにあり、一九九七年から裁判を開始しています。二〇〇五年春までにジェノサイドの罪や人道に対する罪で一七の判決を下し(被告二三名)、さらに八件(被告二五名)の裁判が進行中です。有罪判決を下された人々の中には、元首相一名、元大臣三名、知事一名など、虐殺が起きたときに要職にあった人々が含まれています。

旧ユーゴスラヴィアでの国際人道法違反に対する裁きに加え、ルワンダでのそれも裁かれることになり、国際社会が人道法違反を裁かずに見逃すことはない、という潮流が定着したと言ってよいでしょう。国連安保理だけではありません。ルワンダでのジェノサイドへの裁きに単独で乗り出した国があるのです。皮肉なことに、ダレール司令官の平和維持軍から真っ先に部隊を引き揚げた、ベルギーがその国です。

ベルギーは一九九三年、他国で起きた戦争犯罪をベルギーの国内裁判所が裁くことができるという国内法を制定しました。そののち、一九九九年に法改正して、ジェノサイドと人道に対する罪についての裁判も加えます。このベルギーの法律を、通称、ベルギー人道法あるいはベルギー・ジェノサイド法と呼びます。

国際法の世界でこの法律は、なかば驚きをもって注目されていました。驚きをもって注目されていたというのは、他の国で起きた自国に直接関係のない犯罪行為を裁くということが、国際法の常識では非常に考えにくいことだったからです。ところがこの法律どおりにしますと、どの国で犯された犯罪であれ、容疑者の国籍が何であれ、ベルギーの裁判所で裁くことが期待できるようになります。例えば、ルワンダでルワンダ人がルワンダ人を大量虐殺したような場合です。実際そういう理由で、人道法違反への裁きを求める人権団体などからは、この法律は注目されていました。そういう犯罪は人類全体に対する犯罪なのだから、誰が裁いてもよいではないか、という考え方がその背後にはあります。

空想が現実に

実際には、しかし、そういう法が適用され、裁判が開かれることはほとんどないだろうと多くの人が思っていました。容疑者をベルギーに連れて来ること自体、きわめて難しいはずだからです。しかし、その難しいことが、実際に起きました。一九九四年のジェノサイドに関わった四人のルワンダ人が、たまたまベルギーに移住したため、逮捕され、裁判にかけられたのです。二人はベネディクト派の修道女、一人は大学教授、一人はフツ中心主義のイデオローグでもあった工場経営者です。

二〇〇一年六月、四人全員に有罪判決が下されました。禁固一二年から二〇年というものです。それはある面では国際法世界の革命でした。人類全体に対する犯罪であるならどの国の裁判所も裁判管轄権を持つ、つまりどの国が裁いてもよいという考え方を、「普遍的管轄権」と呼びますが、言うほどに簡単ではないこの考え方を実行に移すものだったからです。

他方でそれは、不安を招くものでもありました。このやり方が認められると、世界中どこで起きたジェノサイドでも、人道に対する罪でも、すべてここに持ち込めば裁判をしてもらえるとなると、いかなる事件でも持ち込まれていわゆる「乱訴」の状態になり、ベルギーの裁判所が他の国々の裁判所の管轄権を侵すことにもなりうるからです。

実際、このベルギー人道法ができてから、ベルギーの裁判所には多くの人間に対する提訴が持ち込まれました。カンボジアで虐殺をおこなったポルポト派幹部たち、チリで軍事政権を率いて人権抑圧をおこなったピノチェト元大統領、パレスチナ難民キャンプでの虐殺事件を引き起こしたイスラエルのシャロン首相、などです。そうなるとこの面白い試みにも、国際法的にはブレーキをかけなければならないという考え方が出てきます。

二〇〇二年、ハーグの国際司法裁判所がそのブレーキをかけました。提訴されていた人間の一人である、コンゴ民主共和国の元外務大臣に対する逮捕状を無効と判断したのです。二〇〇〇年に虐殺事件が起きた当時の外務大臣だった人物ですが、現職の外務大臣には他国に逮捕されない外交特権が認められる、というのがその理由でした。こうなりますと、先ほどの修道女のケースなどはともかく、ピノチェトやシャロンを裁判にかけることなど、全くの夢物語になります。

それやこれやで、ベルギー国会は二〇〇三年八月、この人道法の適用をきわめてきびしいものにする法改正をおこない、事実上、廃止に近い措置をとりました。ジェノサイドや人道に対する罪が必ず裁かれるべきだというのはそのとおりなのですが、ベルギーの裁判所が普遍的管轄権を独占し、世界に君臨する人道裁判所であるかのような仕組みを続けることは、現在の世界ではやはり難しかったようです(ただし、ベルギーほど目立ちませんが、普遍的管轄権を行使しようと思えばできるという国は、ドイツやスペインなど、他にも残されています)。

5 国際刑事裁判所

「国際社会が裁く」

国際人道法違反が人類全体に対する犯罪であり、それに対して普遍的管轄権が設定されるのなら、その本筋はやはり、国際裁判所でそれらの違反を裁くことであろうと思います。とはいえ、国際裁判所をつくるということは容易なことではありません。容易ではないからこそ、べルギーのように自分たちだけで何でも裁いてしまおうとする国も現れるのです。

しかし、その難しいことがついに実現しました。国際刑事裁判所です。一九九八年に国連主催の会議でそれを作るための条約が採択され、二〇〇二年七月、この条約が発効しました。この条約がローマ規程で、そこには裁判所が裁くことのできる「犯罪」が細かく列挙されています。それが(1)ジェノサイドの罪と、(2)人道に対する罪と、(3)戦争犯罪であることは前にお話ししました。

裁判所は、国際司法裁判所と同じハーグにあります。一八名の裁判官が裁判部を構成するほか、一名の検察官と一ないし二名の代理検察官からなる検察局が置かれました。訴追の開始に

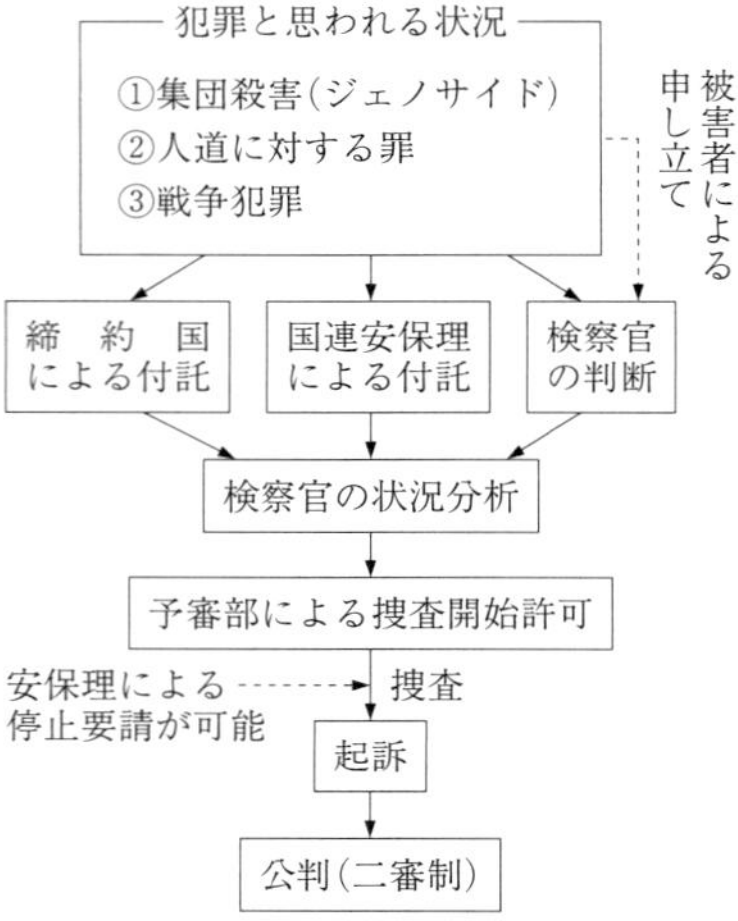

図5　国際刑事裁判所の訴追の流れ

は三つの場合があり、(1)ローマ規程に加入している国(「締約国」といいます)が検察官に付託した場合、(2)国連安保理が検察官に付託した場合、(3)検察官が職権で捜査を開始した場合、となっています(図5)。

たくさんの人権NGOがこの裁判所の設立を推進し、その実現を歓迎しました。ローマ規程の前文には、二〇世紀に何百万人もの人間が想像を絶する残虐な行為の犠牲になったこと、そのような重大な犯罪が国際社会全体の関心事であり、そういう犯罪を犯した者が処罰を免れている状態を放置しておいてはならないこと、等々が述べられていますが、それこそが国際刑事裁判所を推進したNGOの考えでもあったからです。

アメリカの反乱

さて、こういう裁判所ができれば、すべての人道法違反が裁かれることになるのでしょうか。

実は、そう簡単にはいきません。何より、これはローマ規程という国際条約によって作られた体制ですから、ローマ規程の締約国の国民でなければ、原則として裁くことはできないのです。ローマ規程は、(1)犯罪の舞台となった国か、(2)犯罪をおこなった人間の本国のいずれかが規程の締約国である場合に、裁判所は裁判をおこなうことができる、と定めています。

この点でずっと問題になっているのがアメリカです。この裁判所体制に加わることを望まれながら、世界各地に展開しているアメリカ兵士が訴追されては困るとの判断から、いまだにローマ規程を批准していません。それだけでなく、クリントン政権時代におこなった署名をブッシュ政権が撤回するという異例な行動をとっていて、国際刑事裁判所への反対姿勢が際立っています。批准していない軍事大国はアメリカだけでなく、中国やロシアも同様ですが、あからさまな反対姿勢を見せているという点で、それらの国々よりも目立つのです。ちなみに、日本もまだ批准していません(二〇〇五年末)。

アメリカの姿勢が問題だと言いますのは、他のどの国よりも米軍による人道法違反が多いはずだから、という意味ではありません。世界に共通の法体制を作ろうとしているときに、自分だけは例外扱いをしてほしいという国があるのはまずい、という意味なのです。もっとも、アメリカが規程を批准しなくとも、アメリカの兵士が訴追される可能性はゼロではありません。いま言ったように、犯罪の舞台となった国が規程締約国でありさえすれば、裁判を開くことは可能です。したがって、たとえばアメリカ兵がある国で人道法違反を犯し、その国が規程締約国であるなら、その国がアメリカ兵を提訴して裁判に持ち込む可能性は残されるのです。しかし、軍隊を展開するということは、その相手国の要請でおこなっているか、あるいは有無をいわせずやっているかのどちらかですから、実際にはそういう提訴の可能性は低いと言うべきでしょう。

こうしてアメリカが、人道法違反に対するこの世界的処罰体制の真空地帯となりました。言うまでもなく、アメリカにはこの体制に加わらないと決める、主権国家としての自由があります。しかし問題は、アメリカがそういう主権的自由を行使するだけでなく、さらに追加の反国際刑事裁判所政策を実施し、裁判所を推進する国々や団体からきびしい批判を受けていることです。

反ICC政策

追加策の第一は、アメリカと軍事的協力関係のある国々(いまのところ日本は除外されています)に働きかけ、アメリカ兵を裁判所に提訴しないという約束を盛り込んだ二国間協定を結びつつあることです。ローマ規程九八条にこういう場合の訴追免除を定めた規定があるため、「九八条協定」などと呼ばれていますが、アメリカは、そういう協定を結ばない場合、軍事援助は停止するという条件までつけています。国際刑事裁判所を推進してきた人権NGOの中には、この二国間協定を「ハーグ侵略協定」と呼んで批判するものさえあります。ハーグとは国際刑事裁判所のこと、その裁判所に対するあからさまな攻撃だという意味です。

追加策の第二は、ローマ規程を批准していない国、つまりアメリカのような国が、自国兵士を国連の平和維持活動や国連が授権した軍事活動に派遣した場合、その兵士を国際刑事裁判所の裁判にかけないことを、アメリカが求めたのです。安保理決議によってあらかじめ訴追免除をせよ、という要求でした。二〇〇二年六月、国際刑事裁判所がついに実現しようとする直前のことです。結局安保理は妥協し、訴追免除ではなく一年間の訴追猶予を認める決議を七月に採択しました。一年後の二〇〇三年七月、この決議は更に一年間の延期が認められます。何が何でもアメリカ兵を国際刑事裁判にはかけさせないという、強硬な態度を貫いたのです。

とはいえ、アメリカの自己中心的な反国際刑事裁判所政策は、すべて成功しているわけではありません。

九八条協定に関しては、「国際刑事裁判所のための連合」というNGOの調査によりますと、二〇〇五年末までに九八条協定に署名した国は九六（うちローマ規程締約国は四二）ですが、批准にまで至った協定（つまり「条約」になったもの）は二〇しかありません。二〇のうち、ローマ規程締約国との協定はわずか一三です。世界全体で五四カ国が署名そのものをはっきりと拒否しています。ローマ規程締約国一〇〇の中では、(拒否も含めて)まだ署名していない国が五七カ国にのぼります。その五七カ国のうち一八カ国が、アメリカから軍事関連援助を打ち切られましたが、それでもなお抵抗をしているのです。アメリカの政策に対する共感は、予想以上に低いようです。

また、アメリカ兵の訴追免除あるいは訴追猶予についても、アメリカの思い通りにはいっていません。国際刑事裁判所の機能を骨抜きにしかねない、このような例外主義的措置に対する国際社会の反発は予想以上に強く、訴追猶予を認める安保理決議を更に更新してはいけない、という声が高まったのです。更新の時期が迫った二〇〇四年六月には、アナン事務総長が今年の更新決議は採択すべきでないという異例の意見表明までする事態になりました。結局アメリカは、更新を求める安保理決議案を撤回します。

アメリカにはアメリカの立場があるであろうと思います。また、国際刑事裁判所のような裁判所が作られさえすればすべてよし、というわけでもありません。たとえば、二〇〇五年までに裁判所に付託された事件、つまり起訴された事件は四件あります(うち三件が捜査開始)。四件のうち一件は国連安保理によって付託されたものですが(スーダンのダルフールの件)、他の三件は当事国政府から付託されたものです(ウガンダ共和国、コンゴ民主共和国、中央アフリカ共和国)。ということは、ことを慎重に運ばなければ、反政府勢力だけを裁くことになりかねない危険性もある、ということを意味します。裁判所の公平性が、これからきびしく問われることになるのです。

とはいえ、そのことと、特定の国の兵士だけが訴追を免れてよいかどうかは、全く別のことです。国際刑事裁判所のめざすものが、法の支配を世界の隅々にまで広げることによって平和の基礎を固めようということである以上、自己例外主義をむやみに認めるわけにはいかない、ということなのです。闇の奥からダレール将軍を責め続ける数万の目を鎮めるためにも、このようなジェノサイド防止策を広げ、「あなたたちのこうむった虐殺を国際社会は二度と許さない」、と言えるようにすることが必要なのではないでしょうか。

第 4 話

平和を再定義する

—人間のための平和—

スーダン南部の村で栄養不良の人々を世話する「国境なき医師団」の看護師.（写真提供＝ロイター・共同）

1　「平和を欲すれば戦争に備えよ」

「守り」のための「備え」

「平和を欲すれば戦争に備えよ(Si vis pacem, para bellum)」という格言があります。最初に誰が言い出したかは諸説あって不明ですが、ギリシャ・ローマ時代から語り継がれている言葉です。いわば自衛の思考ですが、国と時代を問わず、かなり一般的に受け入れられてきた考え方だと言ってよいでしょう。

それは平和観でもあり、安全保障観でもあります。平和イコール安全保障である、と考える点においてです。さらに言うなら、それは、平和イコール軍事的安全保障だとする考え方でもあります。あとで述べるように、平和とは必ずしも安全保障と同義ではありませんし、ましてや軍事的安全保障(軍事力で国を守ること)そのものでもない、と考えられるようになりつつあるのですが、ともかくもこの「戦争に備える」平和観は長く受け継がれてきました。

自衛が大切だという点に関しては、そう反対も多くないのではないでしょうか。他国からの攻撃を容易に招いたり、他国から攻撃されても自分の身を守るすべも持たないということ自体は、別に望ましいことではないからです。この格言が比較的最近まで広く受け入れられてきたことの基本的な理由も、そこにあるのでしょう。

もっとも、そのことと、この格言で平和のすべてが説明できるかどうかは、また別のことです。この格言があやういバランスの上に成り立っていて、ひとつ間違えば、平和を確保するより戦争を推進する原理にもなりうるからです。どういう意味においてそうなのでしょうか。大きな点が二つあります。

本当に「抑止」するか

第一に、それが徹底して平和のための原理であるなら、戦争に対してはあくまで「備え」にとどめ、その一歩手前で踏みとどまることが求められるが、実際にはそううまくいかないことも多い、ということです。「備え」だけで、「戦争」の一歩手前で踏みとどまるということは、言いかえれば、「備え」が相手の攻撃を思いとどまらせる抑止力になることを意味します。それで済めばよいのですが、いくら「備え」を積み重ねてもさっぱり抑止効果の働かない相手もいるかもしれません。そういう、合理的な反応の期待できない相手との平和は、軍事的な備えとは別の方法で築くほかないことになります。

それと並ぶもう一つの問題点は、豊かな「備え」が自分を抑止することになる保証はどこにもない、ということです。豊かな軍事力を持ったばかりに、正当化できない攻撃を他国に加えたりはしないか？　これもまた太鼓判を押せるだけの経験を、私たち人類は持っていません。それはたとえば、戦中戦後を通じて日本の膨張主義を戒め、戦後の一時期は首相もつとめた、石橋湛山の次のような言葉が的確についているところです。

昔から、いかなる国でも、自ら侵略的軍備を保持していると声明した国はありません。すべての国が自分の国の軍備はただ自衛のためだと唱えてきました。たぶん彼らはそう心から信じてもいたでありましょう。だが、自衛と侵略とは、戦術的にも戦略的にも、はっきりした区別のできることではありません。かくて自衛軍備だけしか持っていないはずの国々の間に、第一次世界戦争も第二次世界戦争も起りました。（松尾尊兊編『石橋湛山評論集』岩波文庫）

言うまでもなく、「備え」を持った国がすべて侵略に走るということではありません。少なくとも現代世界を見る限り、それは事実として正しくないのです。ただ、歴史的にはそういう例が多かったのも事実ですので、湛山の警句はいまなお無視できない価値があるように思います。

第二に、仮に他国を抑止できずに攻撃を受け、「備え」を現実に使わざるを得なくなった場合、それでも「平和」を語りうるためには、他国への反撃において勝利すること、それも大きな被害を出さずに勝つことが条件になります。ともかくも外敵に抵抗しぬくことが最優先課題だ、という考え方もあるかもしれません。しかし、そのために数十万、数百万の犠牲者を生んだり、国土を焦土にしたりしてしまうのであれば、やはり(全くの緊急事態は別としても)別の方法を考えるべき事柄だと思うのです。

欧米の言葉の中に、「ピュロスの勝利」という表現があります。相手を降伏させ、形式的には勝っても、膨大な犠牲者を出すような戦いのことです。紀元前二八〇年頃、古代ギリシャ世界のピュロスという王がローマに攻め込み、勝ちはしたものの相手方と同じだけ犠牲者を出したのが語源だと言われています。純然たる自衛の場合であれ、どちらかといえば侵略と呼ぶべき場合であれ、そういう結果になる例は少なくないのです。それも、勝つならまだしも、負けた場合の物的・精神的な損失はひとしお大きなものになるでしょう。

変わらぬ悲惨

右の第二の場合のように他国を抑止できなかった場合であれ、第一の場合のように自分を抑止できなかった場合であれ、国が焦土と化した場合の悲惨さは共通しています。しかも、第二の場合は純然たる悲惨さですが、第一の場合は愚かしさゆえの悲惨さということになりますから、いわば二重の悲劇であることになります。

二〇〇四年八月、ドイツのドレスデンにある聖母教会という美しい教会が、戦後六〇年近くを経てようやく再建が進んだことを伝えるドキュメンタリーが放送されました(NHK衛星放送)。一九四五年二月に、連合軍の猛爆撃を受けて廃墟と化した街です。その日ドイツ軍の捕虜としてドレスデンに留置されていた、カート・ヴォネガット・ジュニアというアメリカの作家が、『スローターハウス5』という作品のなかで、「ドレスデンは一つの巨大な炎と化していた。生あるもの、燃えるものすべてを食い尽くす炎だった」と回想しています。そして爆撃が終わった翌日の模様を、「ドレスデンは鉱物以外に何もない、月のようだった。石はただただ熱かった。近所の人間たちは一人残らず死んでいた」と描写しています。

こうなる前、戦前のドイツも、世界で有数の「備え」をしていた国でした。それがいつしか「備え」ではなくなり、他国を違法に攻撃するための道具に変わって、最後は守るべき自国を廃墟にしました。備えが備えでなくなり、平和でなく廃墟をもたらした例として、月の表面のようなドレスデンの昔の映像は、いまでも強く訴えかけるものを持っています。同じく軍事大国であった日本も同様の運命をたどり、ドレスデンが廃墟と化した一月後、東京が大空襲で同じような被害を受け、半年後には広島と長崎が核兵器で廃墟にされました。国策や野望の果ての廃墟です。そこから学ぶべき教訓は十分すぎるほど明らかなのではないでしょうか。

もっとも、これらの都市への爆撃は、侵略国なのだから仕方がないと言って済ますわけにはいかない面があります。それが、国際人道法で保護されているはずの、無辜《むこ》の一般市民に対する無差別攻撃であったからです。相手国国民の戦意をくじくために、軍事的な目標ではない街や人々を攻撃する爆撃という意味で、「戦略爆撃」とも呼びます。日本も中国の重慶などに、ドイツもロンドンなどにそれを行いましたから、お互いに同じことをやり合ったものではあるのですが、どちらの行為であれ、国際法上は正当化できない行為であったと言うことができます。広島・長崎の場合はそれに加え、核兵器を使うという、さらに正当化できない面も持っていました。いまなお人類社会につめあとを残す、この重大な問題については、第7話であらためて触れます。

2　戦争がなければ平和か——構造的暴力論というもの

戦争はなくとも飢えている

こうしてこれまでに人間は、平和のための備えをし、平和のためと称する戦争を始め、いつしかそれが人間から平和を奪うただの戦争になっていた、という経験をしばしばしてきました。備えをすることが全く不要だとは言えないでしょうが、平和というものが相手のある問題、他者との関係である以上、備えさえあれば平和でいられるという単純なものではないことも、次第に明らかになってきたのです。

加えて、平和についての思索が進むにつれ、こういう別の問題も意識されるようになります。すなわち、戦争さえなければそれで平和と言えるか――。

たとえば、多くの人々が極度の貧困にさいなまれ、飢えに苦しんでいるような社会は平和だろうか。また、人種や性による差別が根強く残り、女児の就学率が男児のそれよりもいちじるしく低いような社会は平和だろうか。あるいは、字が読めないばかりに十分な社会参加ができず、自分たちが不利益をこうむっていることさえ気づかない人がたくさんいる社会は平和か。そういう問題です。

一九六〇年代も終わる頃、それらもまた暴力と呼ぶべきだ、と主張する学者が現れました。ノルウェーのヨハン・ガルトゥンクという人です。いま述べたさまざまな問題は、誰かが誰かを殴ったり殺したりするという意味での暴力ではないが、みずから望んだわけではない不利益をこうむる人は確実にいるのだから、それもまた別のかたちの暴力と呼ぶべきだという考え方で、その種の「暴力」に《構造的暴力》という名前をつけました。これに対し、人を殴ったり殺したりするような種類の暴力を《直接的暴力》と呼びます。

「構造的」という言葉づかいはあまりなじみのないものかもしれませんが、おおよそ次のような意味です。たとえば、一つの社会の中で、一方には巨額の富を占め、飽食している人がいる。もう一方にはいくら働いても十分な収入が得られず、あるいは職さえも得られず、十分な食糧さえ得られない人がいる。それが当人たちの能力ややる気の問題ではなく、富の配分の仕組みが不適切であることの結果であるとしたなら、また、特定の人種や性が原因でなかば自動的に貧困や飢餓の中に閉じ込められているとしたなら――それは社会構造が原因で生み出されている暴力と呼ぶほかないのではないか。富める人々が貧しい人々を殴りつけて飢えさせているのではなく、したがって加害者は特定できないが、社会構造の被害者はいるという意味での「暴力」なのではないか。

新たな平和観

この構造的暴力論は、それまでの平和論の見落としていた点を浮き彫りにし、新たな地平を開くものでした。それまでは「戦争のないこと」が「平和」だとされていたのに対し、戦争がなくとも「平和ならざる状態」はある、という視点を理論化するものだったからです。その背後には、平和とは何より社会正義の問題なのではないか、という問題意識があります。人間が自分の責任によらないことで差別され、排除され、悲しみ、傷つくのは平和とは言えないのではないか、という問題意識です。

平和研究の課題は一挙に広がりました。戦争や武力紛争や軍拡が主題だった(少なくともそう信じられていた)のに対し、貧困や開発や人権や平等といった、いわば非軍事的な社会問題に関心を広げていったのです。いまでも平和研究といいますと戦争や軍拡の研究ですねと言う方が少なくありませんが、けっしてそうではありません。それ以外の問題に対する関心も高く、その中にはジェンダーとか環境とかいった、今日的な問題も含まれます。それは単に「研究対象を広げた」ということではありません。暴力の意味が変わり、平和の意味が変わったからそれらの問題が必然的に平和研究に入り込んできた、ということなのです。

戦争など直接的暴力のない状態を《消極的平和》といいます。「消極的」といっても、「この程度のささやかな」というような悪い意味ではありません。いままで存在していたもの(この場合戦争)が存在しなくなった、あるいは消滅したという意味で「消極的」なのです。これに対し、構造的暴力のなくなった状態を《積極的平和》と呼びます。いままで存在していなかったもの、たとえば社会的平等が存在するようになった、という意味での「積極的」です。

3 人間の安全保障

そもそも「安全保障」とは

さて、平和の意味がこのように拡張されますと、「平和を欲すれば戦争に備えよ」という格言に関連して、もう一つ別の問題が浮かび上がってきます。非軍事的な問題であるなら、それらは武力では実現できない「平和」なのではないか、という問題です。問題というより認識と言ったほうがよいかもしれません。

いずれにしても、現実はそのとおりです。貧困を解決するためには武力を強化してもほとんど役に立ちません。差別される人々の人権を保障するうえでも、武力が不可欠だとは言えそうにありません。五歳未満の子供がなすすべもなく死んでいくのを防ぐことも、識字率を高めることも、いずれも同じです。

そう見ていきますと、もう一つ定義し直さなければならないことが出てきます。そもそも安全保障とは何か、という問題です。この言葉を聞くと私たちは通常、外敵の攻撃から身を守るということを連想しますが、人間の安全を脅かす要因というのは、実はもっと身近な所にあるのではないか、それを取り除くことが安全保障ということの切実な意味なのではないか、と考えることもできるでしょう。例えば職を失わないこと、きちんと教育を受けられること、最低限の衛生状態は確保されること、などなどです。

そして一九九〇年代に入り、この考え方にそった安全保障観というものが、実際に国連の機関から生まれてきました。それが「人間の安全保障」という考え方です。

考え方自体は、必ずしも全く新しいものだったわけではありません。平和研究の世界で一九七〇年代から語られていた、「社会防衛」といった考え方が、内容的にはそれに近いのです。それはいわゆる「国防」を「領域防衛」と呼んで、それは領土や国家中枢を防衛するものではあれ、領域の中にいる主人公(つまり人間たち)を防衛するものではない、という批判を加えるものでした。本当の防衛とは、社会＝人間たちの生命と生活を守るものなのではないか、と。そのように研究の世界で唱えられていた主張が、国連システムの中に登場してきて、多くの人がその重要性にあらためて気づかされた、ということなのです。

家庭や職が安定する

人間の安全保障という考え方は国連のさまざまな機関で用いられていますが、体系的に打ち出されたのは、国連開発計画(UNDP)が編纂している『人間開発報告書』一九九四年版においてです。それは「こんにち、人間が「安全でない」と感じる原因は、世界の破滅に対する恐怖感よりも、日々の生活に関わる不安のほうが大きい」という考え方に発したものでした。日々の生活に関わる不安とは、職や収入や健康が安定しているか、環境は安全か、犯罪は多くないか、といった事柄です。

国連開発計画がこのような着想を得たのは、直接には、国連を作った一九四五年のサンフランシスコ会議でアメリカ代表団を率いた、ステティニアス国務長官の次の言葉がヒントになっていました。政府に宛てた報告書でステティニアスは、欠乏からの自由が平和にとって不可欠だとした後で、こう述べています。「もし人間たちに家庭や職の安定と安全がなければ、国連憲章にどういう条文を盛り込もうと、安保理が戦争のない世界をつくることもありえない」。

もちろんこれは、あれかこれかの二者択一ではありません。要点は、安全保障を語るときに、軍事的安全保障とか国防といった《大きな物語り》だけに限定して考えると、一人ひとりの人間に即した安全への目配りが失われかねない、ということなのです。ステティニアスはそのことをよく理解していたのだろうと思います。

こうして国連開発計画は、新しい安全保障概念を打ち出すことになりました。それは子供が五歳にも満たずに死なないことであり、病気が蔓延しないことであり、人間が職を失わないことであり、民族間の緊張が暴力に発展しないことであり、武器だけでなく人間の尊厳に関心を払うことである、とされたのです。言いかえるとそれは、領土偏重の安全保障から人間を重視した安全保障への転換であり、軍備による安全保障から「人間開発重視」の安全保障への転換でした。「人間開発」という考え方も国連開発計画が生み出したもので、国家のＧＮＰを増やすことよりも、人間に健康や教育や食糧を行き渡らせることを主眼とする「開発」です。

相互に関連する二つの「安保」

くり返しますが、旧来の軍事的安全保障と、この新しい人間の安全保障とは、あれかこれかの関係にあるのではなく、それぞれがそれぞれの重要性を持っています。たとえば、自国が襲われるかどうかにかかわらず、安易に戦争に訴える国が減らないのであれば、それは世界の安全保障にとっての問題として、幼児死亡率を下げるといった問題とは別に取り組まなければなりません。国際テロリズム対策なども、これは貧困の問題などとも無関係ではありませんが、それはそれとして取り組まなければならないでしょう。その意味で、人間の安全保障のための努力を強化すれば、自動的に旧来の安全保障の問題がすべて解決すると考えることはできないのです。

同時に、この二つの安全保障問題は、相互に関連してもいます。その分かりやすい例は、人間の安全保障のための財源をどこから捻出するか、という点です。国連開発計画がこの概念を打ち出した一九九四年の時点で、すべての人が基礎教育を受けて識字率を高めるために必要な追加支出は一年で五〇億から六〇億ドル、五歳未満児の死亡率を大幅に下げるための追加支出が五〇億から七〇億ドルなどと試算されていました。そういう額がその当時も捻出できず、いまもまだ捻出できずにいます。しかし、この年の世界の軍事支出は約八〇〇〇億ドルでした（二〇〇四年は約九五〇〇億ドル）。その数パーセントでも削って人間開発に回せば費用の捻出はむずかしいことではないはずだ、と国連開発計画は訴えたのです。

世界で約八億人の人々が飢え、一二億人の人々が衛生的な水を確保できず、毎年一二〇〇万人の子供が五歳未満で死亡し、八億五〇〇〇万人の成人が字も読めない状態にあることを考えるとき、国連開発計画のこの訴えは、途方もない非現実的なものであるとは、とても言えそうにありません。平和とは人間が人間らしく生きることであり、誰もが生まれながらに持っている権利を侵されないことなのではないか――人間の安全保障という考え方は、人間の平和観の根本的な転換を迫るものであるように思います。

4　平和と人権

キング牧師の理念

さて、平和について考え、安全保障について考えているうちに、いつの間にか人間の権利（人権）に話が移っていました。しかしそれは、何となく脱線してしまったのでも、意識的に話をずらしたのでもありません。そうではなく、平和とはそもそも人間の権利に関わる問題なのではないか、という考えが頭の隅にあったからなのです。

それとの関連で思い出されるのは、アメリカのマーチン・ルーサー・キング牧師です。黒人

(アフリカ系アメリカ人)の人権保障運動、いわゆる公民権運動に生涯を捧げ、迫害と脅迫に耐えながら非暴力主義を貫いて、一九六四年にはノーベル平和賞も受けました。惜しくも一九六八年に暗殺されましたが、この人が、同時にヴェトナム反戦運動の指導者でもあったことはよく知られています。

ヴェトナム戦争への反対を表明したとき、キング牧師はごうごうたる非難にさらされました。さまざまな意見を言ってくる人もいて、その一つにこういうものがあったというのです。「平和と公民権とは別々のことですよ。あなたは公民権運動を支持した人々の信ずる大義を傷つけているのではないですか?」。こういう意見を聞いて「悲しみに打ちひしがれた」、とキング牧師は一九六七年の説教で語っています。彼にとって、アフリカ系アメリカ人の人権保障を訴えることと、ヴェトナムの平和を訴えることは、全く同一線上のことだったのです。どういう意味でそうなのでしょうか。

キング牧師はまず、同じアメリカ人でも特に貧困層が戦争にかり出されていること、戦費がかさんで国内の貧困対策がたなざらしになりつつあることの不当性を訴えます。いわく、「戦争は貧困の敵である」。

それだけではない、ヴェトナムでもまた人々の生活基盤を根こそぎ破壊している、とキング牧師は指摘しました。彼らの飲み水を汚染し、一〇〇万エーカーに及ぶ作物を焼き払い、多くの戦災孤児を生み、アメリカが彼らの真の敵になってしまった、と言うのです。「何とかして、この狂気の沙汰をやめさせなければならない」と彼は訴えました。

戦争が国の内外で巨大な人権侵害装置になるというのは、そのときに始まったことではありません。しかし、積み木細工のようにもろい成果を少しずつ重ねていく人権運動に関わってきた人だからこそ、それが根こそぎ刈り取られることに対しては、とりわけ敏感になりえたのでしょう。人権のためにたたかうことと、悲惨な戦争に反対することは、彼の精神の中ではきわめて自然に結びつくものだったのです。

平和という人権

「平和」や「安全保障」が種々の人権の問題へと拡張していくのも、そういう理由によります。戦争がしばしば人権破壊になるのなら、平和は人権の擁護であり、実現でなければならないはずだからです。

ならば、平和そのものが一つの人権だということにはならないか？　これに対し、二つ返事で「そうだ」と言いたいところなのですが、実はそれは見かけほど簡単な問題ではありません。ここで言う権利とは、「平和的生存権」あるいは「平和に生きる権利」と呼ばれるもので、国内法上は認められる例も少なくないのですが、戦争に深く関わる、肝心の国際法の世界ではそれがまだあやふやなのです。多数の国が加入する条約(多数国間条約)の中でそれに言及されたことは、いまだかつてありません。わずかに一九八〇年代に数度、国連総会決議においてそのような権利があることが宣言されましたが、それが具体的にどういう内容の権利なのか詰められることもなく、あいまいなまま今日に至っています。

第二次世界大戦が終わったとき、国際法の世界に「平和に対する罪」が導入され、確立しました。平和を打ち壊すことが罪であるなら、平和を保持することは人々の権利である、と考えるのが論理的なことです。しかし、その後半部分だけはいまだに国際法の世界に定着していません。権利だとして誰がそれを享有するのか、その権利に対応して誰がどういう義務を負うのか、権利が侵された場合にどう対処するのか等々、技術的に入り組んだ問題があることはたしかなのですが、もう少し人間の立場に立った国際法のルールを明確にする努力だけはしてもよいように思います。

この問題については、第6話であらためて考えましょう。

平和が死ぬとき

平和という言葉は悪く言えば多義的、よく言えば内容豊富で、人によりイメージも定義も違いますし、実現方法についての考え方もしばしば大きく分かれます。しかし、それが単に国家間の問題にとどまるのではなく、人間の権利に関わる問題であることと、その中には、理由なく殺されたり虐待されたりしてはならないといった、「逸脱できない権利」があるということは、国際的にも次第に認識が深まっています。

それは国家として国際的に罪を犯したと判定され、制裁を加えられる場合も同様で、そういう国の国民ならば一網打尽に苦しみを課されてもかまわない、などという考え方は次第に改められる傾向にあります。例えば、湾岸戦争以後のイラクや、武力紛争の続いていた頃のユーゴ（現・セルビア＝モンテネグロ）に対し、安保理決議に基づく制裁が課されましたが、その中で、制裁が弱者により大きな打撃を与えるという現実について、国際社会の再考も始まりました。医薬品や食料品に関しては、制裁を緩和する傾向も現れています。これもまた、国家の不品行があっても、それへの罰が国民の最も基本的な権利まで奪うことは許されない、という意識の反映であろうと思います。

その意味でなら、「平和」の意味合いは、どこかで一点におさまる部分があるのではないかと思います。それも、自分の平和が大きく侵された場合にこそ気づくような点です。

第二次大戦中、『星の王子さま』で有名なフランスの作家・サン＝テグジュペリは、自国がドイツに蹂躙《じゅうりん》され続ける中、空軍パイロットとして任務を続けました。その模様を『戦う操縦士』という作品にまとめているのですが、その中で彼が突然、平和とは何かに気づく場面があります。平和が人間の日常性の確保であり、したがって権利の問題であることを告げる、この印象的な箇所を引用して第4話を終えましょう。

平和においては、あらゆるものがそれ自体のうちに閉ざされている。夕暮れ時になれば村人たちは家に帰ってくる。種は納屋の中に戻される。折りたたんだリネンはタンスの中に納められる。平和な時期には、何がどこにあるか、いつも分かる。どこに行けば友達に会えるかも分かっている。夜、どこに行って寝るかも知っている。しかし、こういう基盤が崩れるとき、世界の中に自分の居場所がなくなるとき、どこに行けば自分の愛する者と会えるか分からなくなるとき、海にでた夫が帰ってこないとき、平和は死ぬ。

第 5 話

人道的介入
―正義の武力行使はあるか―

1999 年 4 月，住み慣れた土地をあとにするコソヴォ避難民たち．
ⒸUN

1　人権と人道の時代に

人権のための武力行使?

二〇世紀は人権の世紀だった、と言われます。この世紀に、人権というものに対する意識が、国際社会で急速に高まったからです。特に第二次世界大戦後にそれがいちじるしく、それまではごくわずかしかなかった人権保障の国際条約なども、戦後は次々と作られるようになりました。国際人権規約、人種差別撤廃条約、拷問禁止条約、女子差別撤廃条約など、人権条約は枚挙にいとまがありません。また人権保障のための国際制度も、国連の人権委員会をはじめとして、ヨーロッパ人権裁判所など、さまざまなものが作られていきます。

人権の世紀はまた、人道の世紀でもありました。前にもお話ししたように、この世紀、人道法や人道法裁判も大きく充実したことです。それは単なる偶然ではありません。人権、特に人間の尊厳や生きる権利といったものの大切さが国際的に認められたからこそ、それを脅かす行為をたとえ武力紛争のさなかでも許さない、という傾向が強まったのです。この傾向は今後、強まりはしても、後戻りすることはおそらくないでしょう。

ところが、そこでむずかしい問題が一つ起きてきます。

第3話では国際人道法について述べ、前の第4話では「平和は人権の問題である」という見方についてお話ししました。問題はそこから派生してきます。つまり、もし平和が人権を重んじ、擁護することであるなら、ジェノサイドのようにはなはだしい人権侵害が起きている場合には、どんな手段を用いてでもそれをくい止めるべきなのではないか？　どんな犠牲を払ってでも、たとえ武力行使をしてでも、迫害される人々を救うべきなのではないか？　そうすることこそが、世界の平和なのではないか？

これはむずかしい問題です。平和とは戦争をしないことなのか、人権のためには戦争も辞さないということなのか——そういう根源的な選択を迫る問題だからです。

この問題が本格的に意識され始めたのは、二〇世紀も終わろうとするときでした。一九九九年、かつてのユーゴスラヴィアが解体してできた国の一つ、新ユーゴスラヴィア(現・セルビア＝モンテネグロ)が、国内における民族間の迫害を理由に、NATO(北大西洋条約機構)諸国から空爆を受けた際のことです。迫害の場所は新ユーゴのコソヴォ自治州、迫害したとされたのはセルビア系住民、迫害されたのはアルバニア系住民でした。

空爆はコソヴォだけでなく、かなり離れた新ユーゴの首都、ベオグラードにも激しく加えられました。出撃回数は七八日間で一万七〇〇〇回にのぼったといわれます。国際人道法で保護されているはずの文民も、しばしば爆撃されました。NATO側はそのつど、「誤爆」だったという説明をしています。

このときに、日本ではさほどでもありませんでしたが、欧米を中心にして、この空爆の是非が相当に議論されたのです。ある国で一つの民族がひどく迫害されているとき、他の国々はその民族を救うために武力行使することが許されるか――これが「人道的介入」の問題です。

迫害されている人々を救うために武力行使してよいかどうかについて、それほど意見が分かれるのか、といぶかしく思う方もあるかもしれません。しかしそれは、意見が大きく分かれても不思議はないほど、複雑な問題なのです。

迫害される人が多数いればそれを救わなければならない――この点については意見の一致を見ることができます。しかし、本当に迫害があるかどうか、いつもはっきりしているとは限らない。どちらが迫害してどちらが迫害されているかが不明瞭である場合もあります。それが明瞭になった場合でも、どういう救済方法が最も適切か、それを考えねばなりません。武力行使が最も適切だとされる場合でも、誰がそう判定し、誰がそれを実行してよいか、という問題が残ります。これだけでも十分に複雑ではないでしょうか。

この問題に関しては、別の岩波新書(『人道的介入』二〇〇一年)を書いていますので、詳しくはそちらをお読みいただければと思いますが、「複雑さ」の根源だけはかいつまんで述べておきましょう。

迷いの理由

多くの人が「本当ならば放置できない問題だ」と思いながら、同時に「しかし自由に武力行使してもよいとも言えない」と考えてきたのは、なぜなのでしょうか。第一に、歴史的に「人道的介入」とされてきた武力行使は、しばしば根拠(迫害の事実)のないものであったり、迫害の事実もそれを救うという動機もあったが別の動機もあった、という場合がほとんどだからです。前者は無根拠な場合、後者は動機が純粋ではない場合です。

前者の例としては、一九三八年、チェコスロヴァキアのズデーテン地方のドイツ系住民を武力を用いても保護するとした、ナチス・ドイツの行為があります。もっともこの際は、武力行使するまでもなくズデーテンが割譲されましたので、「人道的な救援を口実とした武力行使の威嚇」あるいは「人道的介入の未遂」にとどまった事例です。また後者の例は、インドによるパキスタンへの武力介入(一九七一年)や、ヴェトナムによるカンボジアへの武力介入(一九七八年)などです。いずれも迫害の事実はありましたので、介入の正統性を肯定する意見も多いのですが、インドもヴェトナムもそれぞれ、介入相手に対する支配の確立など、別の政治的意図も持っていたとされます。「でっち上げ」の場合よりはましではあるものの、動機にやや不純物が混じっている――そういう場合、不純物に目をつぶって「人道的」介入でもあると肯定すべきなのか、それとも純然と「人道的」であることを求めるべきなのか。これはむずかしい問題です。

ためらいの第二の理由は、現代の国際法において、「武力行使をしてはならない」とする規範の占める重みにあります。たしかに迫害されている人々は助けなければならないが、国際社会(たとえば国連)の承認を得て行われるならばともかく、個々の国の独断で武力行使することを許すのは問題ではないか、という考え方をとる人が少なくありません。そして、個々の国々の武力行使をどう規制するかが国際社会の長年の格闘課題であり続けたことを考えるなら、この懸念には相応の理由があるようにも思います。

2　罪責感と空爆支持

反戦派が支持する

コソヴォに関連するユーゴ爆撃について、人々の意見は分かれましたが、常日頃、武力行使に批判的な知識人の中に、この空爆を肯定する人が少なからずいたことが特徴的です。たとえば、かつてヴェトナム戦争を鋭く批判する言論を展開し、最近では対イラク戦争を糾弾し続けたアメリカの評論家、スーザン・ソンターグ(二〇〇四年一二月没)もその一人です。

ソンターグは、NATOによるセルビア爆撃支持の理由を、独裁者といわれたセルビア大統領、スロボダン・ミロシェヴィッチのジェノサイドをやめさせなければならず、そのためには戦争という手段しかないからだ、と言いました。彼女は同時に、何であれ戦争は犯罪だし、その廃絶は文明の生んだ最も崇高な願望であることに変わりはない、とも言います。にもかかわらず、この戦争は支持する。なぜかと言えば、これがジェノサイドだからであり、これ以上アウシュヴィッツを生んではならないからだ——そういう論理でした。

このほか、ドイツの著名な政治哲学者で、最近はソンターグ同様に対イラク戦争に厳しい批判をしている、ユルゲン・ハーバーマスなども、「人が獣のような自国政府の気まぐれな暴虐に遭っているとき、他の国々は世界市民社会の一員として、それら犠牲者を守る義務がある」という趣旨の議論を展開して、空爆のさなかにそれを支持しています。

なぜこのように、コソヴォをめぐってユーゴに武力介入することに、ふだんは武力行使に批判的な人までもが熱意を示したのでしょうか。いうまでもなく出発点には、第二次世界大戦中のジェノサイドがあり、戦後の人権と人道に対する関心の高まりがあります。それに加えて、一九九二年以来続いていた旧ユーゴ地域での武力紛争の忌まわしさに対する、心情的な反応も加わりました。あるいは「罪責感」と呼んでもよいかもしれません。

民族浄化

旧ユーゴ紛争、とりわけボスニア＝ヘルツェゴヴィナでの紛争では、「民族浄化」という名の、敵民族を抹殺しようとする行為が――おそらく各民族によって――行われました。実態がはっきりしない事例も少なくありませんが、いくつかは実際に行われたことが明らかになっています。ユーゴ版ジェノサイドと呼んでもよいかもしれません。それに対して有効な手を打てずにきた、この上さらにコソヴォでも不問に付すことはできない――そういう認識が欧米では広く行きわたっていた頃だったのです。

とくに、罪責感という点については、この爆撃の四年前、ボスニア＝ヘルツェゴヴィナで起きた、スレブレニッツァの虐殺という悲劇が伏線になっていたように思われます。第3話でも少し触れましたが、一九九五年、スレブレニッツァという町でセルビア人勢力がモスレム人たちに無差別攻撃を始め、推定で八〇〇〇人近い人が虐殺されたとされる事件です。国連平和維持軍のオランダ軍部隊が駐屯していたにもかかわらず、住民たちを守ることができなかったという、悲劇的なできごとでした。全貌が明らかになったのは、事件に関する国連事務総長報告がまとめられた一九九九年のことですが、事件直後に伝えられた概略だけでも十分に衝撃的だったのです。

それが伏線となり、コソヴォでの「民族浄化」らしき事件もいくつか伝えられて、NATOによる空爆が始まりました。しかし、この爆撃そのものは幾人かの人たちから強力に弁護されはしましたが、この事件を機に一般的に人道的介入が正しい行為、あるいは法的に認められる行為として確立されたわけでもありません。この空爆にも、それ以前からの疑念を打ち消しきれない弱味があったからです。ここではそのうち、主要と思われる点を二つだけ挙げておきます。

武力行使の正統性と合法性

第一に、介入の方法が問題とされました。現場でアルバニア系住民を救うことよりも、セルビア人権力の本拠地であるベオグラードの空爆に力点が置かれたこと、そしてそれがしばしば無差別爆撃にも似た攻撃になったことなどです。先ほどのソンタークも、武力行使の動機は肯定したものの、「自軍を危険にさらさずに、地上にいる市民にめいっぱい損害を与えるやり方には賛成できない」と述べて、方法には疑問を呈しました。第1話で紹介したイギリスのメアリー・カルドーも爆撃支持でしたが、「人道的介入というなら、まずは地上兵力を送って文民を保護しなければならないのに、アルバニア系住民よりＮＡＴＯ兵士の生命を保護することを優先した。こういうやり方には賛成できない」と述べています。

迫害されている人々を守るのか、それとも迫害している人々を打倒するのか――これはいつも同一であるとは限りません。行為の結果がその後者だけになるとき、武力行使の正統性は大きく損なわれることになるでしょう。

第二に、行為の合法性が最後まで問題とされました。国々の個別的な武力行使は、自衛権の場合を除いて禁止されています。それを合法なものにするためには、せめて安保理の決議がなければなりません。しかしこのユーゴ空爆は、ロシアが拒否権を行使しそうだという事情もあり、安保理決議を獲得せずに実施されました。

それでも合法だというためには、人道目的の武力行使は安保理決議のお墨つきなどなくともそれ自体が合法なのだ、と言うしか方法がなくなります。つまり、国連憲章によって禁止されていない武力行使であり、国々が自由な判断でしてよい、と主張するのです。実際、そういう主張もありました。先ほどのハーバーマスなどもそういう考え方だったようで、安保理決議なしの武力行使だったことを批判する人たちに対し、形式的な手続きにこだわり過ぎだとして逆に批判しています。ただ、ハーバーマスのこういう見解は、その後やや変化しました。この点はすぐ後で述べます。

「新しい」国際法規

それ自体が合法な武力行使だという考え方は、いわば、国際法に新しいルールを持ち込むことを意味します。しかしこの考え方は、国際法の専門家の間で多数の支持を得たようには思われません。国際法の専門家のすべてが形式的手続きを重んじて武力行使に反対するとはとても言えそうにないのですが、この「新しいルールの導入」が、武力行使の禁止という根本原則に関わるものであるがゆえに、専門家は慎重にならざるを得ないのです。

もっとも、この時の武力行使が違法であり許容できない、という単純明快な結論で皆が一致したかというと、そうではありません。迫害され虐殺される人々が多数いるときにはそれを救わなければならない、という点では大多数の人が一致します。しかし、それをどういう手段で誰がやることが許されるかについて、そう簡単には一致できないのです。なんと面倒な、と思われることでしょう。しかし、安易に武力行使の口実を認めると、それを乱用する国が現れる可能性がいつもありますから、面倒でも一つずつ手順を踏まざるを得ないのです。

この問題については、専門家も迷っています。人間の命を救うという目的と、（いわば国連憲章体制の根本規範である）武力行使禁止規範を維持するという目的と、その両方を生かさなくてはならないからです。そういう迷いを象徴するように、この武力行使は「違法だが正統(illegal but legitimate)」だった、という苦肉の結論を記載した報告書もありました。安保理決議に基づかない点では違法だが、コソヴォの状況の切迫を考えると取られた措置は必要やむを得ざるものだった、という意味です。

このように、人道的な目的のために国々が安保理決議なしに武力行使をすること、という意味での「人道的介入」は、国際法上の地位を確立したとは言えない段階にとどまっています。ならば迫害される人々をどう救うべきか。残されたその問題を、引き続き考えなければなりません。

3　小康状態の時に考える

恣意的ではないか？

旧ユーゴでの武力紛争はいちおう収まりました。かつては一つだった国が五つの国に分かれ、まだ不安定さは残すものの、凄惨な殺し合いだけはどうにか終息したようです。それぞれに困難を抱え続けていますが、それを見るにつけ、これだけの結果のためにあれほど悲惨な戦争がなければならなかったのだろうかと、釈然としない気持ちにとらわれます。

さて、人道的介入は是か非かという問題を、こういう小康状態の時にこそ考え直しておかなければなりません。問題がひどく深刻になってから考えたのでは、状況の圧力に押されて、あれもやむなし、これもやむなし、という決め方になりがちだからです。

コソヴォを理由としたユーゴ攻撃について、先ほど、あの爆撃が肯定できるとしても、それによって「人道的介入」が一般的に合法化されたわけではない、という議論を解説しました。他方で、あの爆撃そのものを肯定できない、という不支持も少なからずあったのです。なぜ不支持だったのか、その理由をここで整理してみるべきでしょう。それは政治的な支持・不支持の議論ではなく、こういう要素がある限り「人道的介入」は正統化も合法化もされにくい、という基準を含んだ不支持だったからです。

第一に、それが恣意的だったのではないかという問題、つまり一部の国の勝手な判断で、自分たちの都合に合わせて行われているのではないか、という懸念がつきまとっていました。つまり、同じような非人道的状況があった場合、いつでもどこでも同じように軍事介入するのか、ある場所ではやるが別の場所ではやらない、ということにはならないか?

これは現実味の極めて高い問題点です。ルワンダPKOで孤立したダレール将軍は「国際社会は全体として人種主義だ」と述べました。「同じジェノサイドでも、ユーゴのようなヨーロッパになら精力を注ぐのに、アフリカのルワンダなどには見向きもしない」と言うのです。彼はまた、アメリカがルワンダPKOへの協力に消極的だったことをとらえて、「石油のあるイラクにならば大軍を送るのに……」と不満を口にしています。それが国際社会の現実です。いくつかの有力国だけに頼る方法というものは、その国々の都合で、行われたり行われなかったりするものなのです。

その場合、私たちはどうすればよいか。「恣意的な決定であっても、よいことならば限られた場所だけでも実施されるほうがよい」とする考え方もあるかもしれません。しかし、本筋としてはやはり、大事なことをできるだけ歴史の気まぐれに任せないようにすべく、配慮を積み重ねることであるように思います。「よいこと」が本当に「よい」ことなのかどうか判断する仕組みを備え、「よいこと」ならばできるだけ広く社会全体に行き渡らせる方法を備えることが、社会の進歩のはずだからです。その意味でも、できる限り国際社会の共同決定を基本にすえること――当面は国連(安保理)などでの合意だけでも得ること――が求められるのだと思います。

懲罰的ではないか?

第二にユーゴ空爆の場合、やり方が懲罰的ではないか、という点も多くの論者によって問題にされました。つまり、犠牲者を救うことより加害者を罰することを優先しているという問題で、さきほどのメアリー・カルドーもそれを指摘しています。

そのときに「加害者の頭目」とされていた、当時のミロシェヴィッチ・ユーゴ大統領は、いろいろな意味で西側諸国にとって「嫌われ者」でした。欧米諸国が用意した和平案に逆らうとか、態度が横柄で傲慢だとか、さまざまなことが言われていたのです。「民族浄化」を指揮しているという批判もありました。そのうちいくつかは本当でしょうし、いくつかは本当ではないかもしれません。いずれにせよ、旧ユーゴ地域で内戦が続くこと、あるいは戦後和平が安定しないことに苛立っている西側諸国にとって、そういうミロシェヴィッチ大統領が目ざわりな存在であることはたしかでした。もしそういう「嫌われ者」を狙っての武力行使であったとするなら、これは大義名分としていささか主観的で乱暴であったことになります。コソヴォ以前に、カンボジアやウガンダでも「人道的介入」が行われたのですが、そのときにも似たような事情がありました。ですから、「人道的介入」をまっとうに行おうとするなら、そういう面にも気を配らなければならないのです。

ちなみにミロシェヴィッチ元大統領は、二〇〇一年に国内で逮捕され、ハーグの旧ユーゴ国際刑事法廷に引き渡されて、人道に対する罪などの容疑で裁判にかけられました。なかなか屈強な被告人で、自分で膨大な資料を用意して弁論を展開し、ＮＡＴＯの軍事行動のほうが不当で違法だったのだと主張して、検察官をたじたじとさせることもありましたが、二〇〇六年三月に拘置所で死亡したため、裁判は未完に終わりました。

犠牲者救済が最優先

話を元に戻しましょう。要点は、もし人道的介入をおこなうことが認められるのだとすれば、まずは犠牲者の救済が最優先されなければならない、ということです。加害者の迫害行動を阻止するために加害者を攻撃しなければならないということはありうるでしょうが、それだけで終わってはいけないし、別の目的でおこなってもいけない。根本目的は人権擁護であって懲罰ではないからです。

そうであるならなおさら、迫害される人々を救うという行動が、その場限りの自警団的な行動に任されるのではなく、きちんと手続きを踏み、いつでもどこでも平等に適用される、国際警察行動として組織されることが必要なのではないでしょうか。

考えてみれば、人権を踏みにじる迫害がある、だから戦争をしなければならない、という議論をすることには、何かしら妙なものがあります。「迫害からの救済」と「迫害の阻止」を跳び越えて、いきなり「懲罰」に入ってしまう点です。それも、それをやりたい国、やる能力のある国がやればよい、ということになりがちです。国際社会で「公的な」処罰制度や手続きを作ることがどれほどむずかしいか、専門家なら誰でも知っていますが、それでもやはり、現在のシステムには改善すべき点があるように思われるのです。

そういうことを、先に紹介したハーバーマスなどが、最近、対イラク戦争に対する批判の一環として唱えるようになりました。《国際法の立憲化》あるいは《政体化》という発想で、要するに、大量破壊兵器の取り締まりであれテロとの戦いであれ、特定の国が自由勝手にやるのではまずいから、国際社会における権力行使としてきちんとルールに従わせることが必要だ、という議論です。かつて彼が批判したユーゴ空爆批判とかなり重なっているような気もしますが、「獣のような人々に対してはやる気のある国が戦争をもって臨んでよい」という議論よりは建設的であるように思われます。

4　市民的介入

「武装した善意」のむずかしさ

中村哲《てつ》さんのことはどなたもご存じではないかと思います。もう二〇年も、最初はパキスタン、次はアフガニスタンで医療奉仕活動をし、さらに清潔な水の確保のために膨大な数の井戸掘りをおこない、次いで安定した農業のために巨大な用水路を地元の人々の力で建設するという、大きな仕事をしておられる方です（第6話の扉写真参照）。この方のお仕事ぶりを本や映像で拝見していると、本当に頭が下がります。

この中村さんが書いたりお話しになっていることの中で、とりわけ印象深いことが二つあります。一つは、現場で人道支援をしている人たちにとって、軍とセットになった「人道支援」(ないし復興支援)はしばしば障害になる、ということです。テレビのインタビューでは、「武器は身を守ってはくれない。持っているとかえって危ないこともある」とも言っておられました。二〇〇一年からのアフガニスタン攻撃の場合、アメリカとその同盟軍の攻撃の対象となったタリバンが、「われわれは復興という名の干渉を攻撃の標的にする」という声明を発表したこともあります。武装した善意は、往々にしてうまくいかないことが多いものなのです。

もう一つは、外国の人々を手助けしようと思うなら、まず何より、現地の人たちが何を必要としているかに沿って手をさしのべなければならない、という点です。選挙を経験したことのない人々に対し、いきなり「これが民主主義だ」と言って投票箱を渡しても用をなさない、欧米とは教育というもののイメージが違う場所で、教育をせよといって鉛筆だけ配っても役に立たない——そう中村さんは言います。

市民による・早期の・平和的な介入

中村さんがなさっているのは「人道支援」であって、普通に言われる「人道的介入」ではありません。しかし私には、いま挙げた点が、人道的介入の問題を考えるときにも大いに役に立つように思われるのです。

第一に、人道的介入の問題は非常に大事なのですが、軍事介入をするかどうかが唯一の問題であるわけではない、という点です。本当にせっぱつまって多くの人命を救うために他に手段がない、という場合はありうるでしょうし、そのときに何をすべきかを考えておくことは必要です。他方で、最終段階だけを考えるのも適当ではありません。そういう破局寸前の段階にいたる前の段階で、人間同士が水や食糧をめぐって殺し合いをしなくてもよいように、さまざまな手を打つことがまず必要だと思うのです。私はそれを《市民的介入》と呼んでいます。懲罰ではなく救済のための、軍ではなく市民による、末期ではなく早期の介入です。中村さんを支えるペシャワール会や、その他の人道支援ＮＧＯの仕事などは、そのような性格のものであるように思います。

第二に、現地の人々が何を望んでいるかが根本だという点も、人道的介入にも当てはめるべき基準でしょう。迫害から救い出しに行くのだからどこに爆弾を落としても文句はないだろう、というわけにはいきません。迫害から救い出されるため、圧政から解放されるためならば国中を爆撃されてもかまわないという人も、あるいはいるかもしれませんが、そうでない人も少なからずいるに違いないのです。他国で平和を実現するためには、いつでも、人を自分の思いどおりにするのではない謙虚さが求められる、ということでしょう。

リンカーンの遺産

人道的介入の議論は、しばしば「平和か人権か」という選択肢のかたちで語られますが、少し違うように私は思います。そうではなく、「いかに平和的に人権を守り抜くか」ということが要点なのではないか。その努力が壊れた後に武力行使をしてよいかどうかということは、あくまで、その要点に付随するものでしかありません。

アメリカの南北戦争は、――内戦ではありますが――奴隷解放をめぐって戦われた、ある意味で人権のための戦争の先駆けでした。この戦争で奴隷解放を唱える北軍を指揮したリンカーン大統領が、戦争の過程でみずからの大義を絶対視する独裁者になったとする解釈が一般的なのですが、それはとんでもない間違いだという、とても面白い研究があります。ゲリー・ウィルズという人の『ゲティスバーグのリンカーン』(邦訳『リンカーンの三分間』共同通信社、一九九五年)という本です。

この本に描かれたリンカーンは、いまでいう人権のため、正義のための戦いであったこの戦争の戦中戦後、奴隷制がアメリカのおかした歴史的な罪であると言うと同時に、そこから起きた戦争が「強大な天罰」であるとし、まるで懺悔《ざんげ》でもするようにその早い終結を願い続けています。そしてリンカーンは、戦後の第二期大統領就任演説において、「何人にも悪意を抱かず、すべての人に慈愛を持ち、……国民の受けた傷を包み、戦闘の苦難を共にした者、その寡婦や孤児をいたわるよう努めようではないか」と述べています。みずからの大義におぼれぬ、こうした謙虚さが残されていたからこそ、あの悲惨な戦争にもかかわらずリンカーンが偉大な大統領として記憶されているのではないでしょうか。

第6話

平和と人権と市民たち

―市民社会の世界化へ―

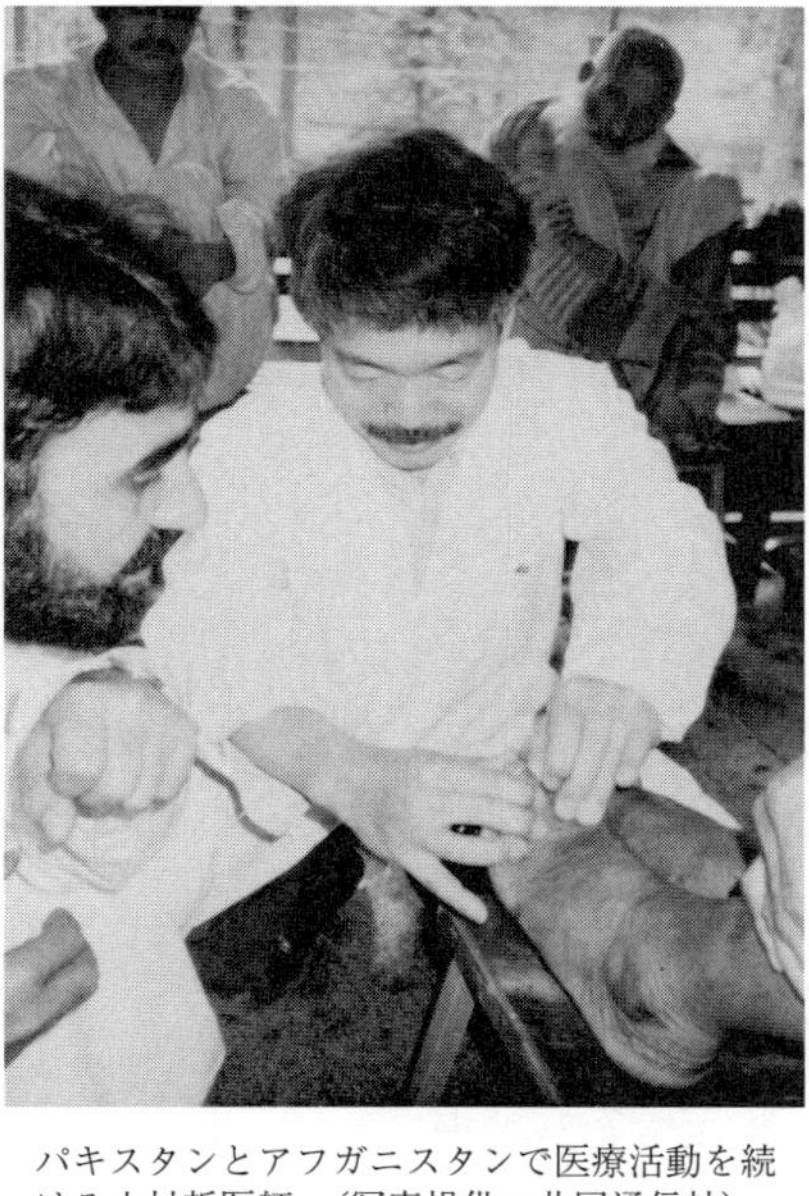

パキスタンとアフガニスタンで医療活動を続ける中村哲医師.（写真提供＝共同通信社）

1　平和のためのアクターたち

脱犠牲者化

平和をつくり出すアクター(行動主体)は誰か？　これは時代と状況によって答えが変わります。侵略国が世界を席巻しているような状況でならば、それに立ち向かって侵略を鎮圧する軍司令官だと考えられるでしょうし、紛争を平和的に解決しようとする局面でならば、みごとな手腕を発揮する調停官だと考えられるでしょう。実際にも、そういう人々が平和の立役者であるような時代が長く続きました。軍人や政治家や外交官が立役者であるような時代です。

平和が「正しい戦争に勝つこと」や「戦争をくい止めること」である限りにおいて、それはそのとおりなのですが、では、平和が「人間の生命や人間らしさが保障されること」であるとされる場合はどうでしょうか。その場合、いま見た立役者たち以上に、人権侵害をただすために活動している人々、ということになるだろうと思います。戦争の犠牲者を保護する人たち、難民を助ける人たち、飢えや病気に苦しむ子供たちを救援する人たち、「良心の囚人」の釈放を求める人たち——。問題にしている「平和」が国家間の平和であるか、人間の平和であるかによって、それをつくり出す主体はさまざまに変わりうるのです。

言いかえるとそれは、軍や政界や官界で高い地位を占めない人々、つまり普通の市民たちが平和の建設において大きな役割を果たす世界でもあります。普通の市民が直接に侵略を鎮圧したり戦争をやめさせたりすることは、ありえないとは言いませんが、簡単に実現できることではありません。それに対し、人間らしさを満たされずにいる人々や、それを奪われた人々に救いの手をさしのべる行為ならば、普通の市民にできることがいくつもあります。犠牲となっている人々に食糧や医薬品を届けたり、難民キャンプの運営をしたり、井戸を掘ったりすることです。それもまた簡単なことではありませんが、強力な兵器を持った兵隊に立ち向かうのとは違って、工夫をすれば普通の市民にも実行の余地は大いにあります。

そういう活動こそが《平和をつくり出すこと》の要点であるとし、そのことに《脱犠牲者化》(de-victimization)という名前をつけたのは、一群の平和研究者たちでした。一九八〇年代のことです。犠牲者たちをなくすこと、自分に責任のない事柄(皮膚の色や人種や性)で苦しみを負わされている人々から苦しみを取り除くことを、それは意味します。普通の市民の犠牲者状態に普通の市民が手をさしのべる、という意味での平和建設が、こうして本格化しました。《人権の時代》は、まさにそれゆえに《市民の時代》、あるいはもう少し具体的に《ＮＧＯの時代》を生み出したのです。

では、そもそも人権とは何であるのか。これは簡単には言い尽くせない、なかなかむずかしい問題です。法学的に表現するか、政治学的に表現するか、哲学的に表現するかでも、内容や力点が微妙に変わってきます。

それを踏まえた上でとりあえず、人権とは人間が生まれながらにして持ち、根拠なしに奪われてはならないさまざまな権利である、と定義しましょう。具体的にどういう「権利」かを列記したものが、種々の人権条約やそれに準ずる国際文書(国連総会決議など)です。そういうものをひっくるめて「国際人権法」などと呼びますが、これはいまや膨大な数にのぼります。

二〇世紀を《人権の世紀》と呼んだりするのは、この世紀(特に後半)に人権の大切さへの意識が世界的に高まったことと並んで、人権に関する国際法が急速に増えたことが、その大きな原動力であったと言ってよいでしょう。いわば国際人権法の発達が、人権というものを――ほうっておけば「地べた」で侵害されるだけで見過ごされていたかもしれないものを――監視塔の上に押し上げた、と見ることができるのです。

では監視塔の上に押し上げられ、国際法によって保障される人権とは何か。これも多種多様ですが、ひとまず基本の参考にしやすいのは、一九四八年に国連総会で採択された「世界人権宣言」であろうと思います。それは、その後の国際人権法の発展の土台となった、きわめて重要な宣言でした。そこで「人権」としてあげられているのは、差別されないこと、生命に対する権利、奴隷にされない権利、拷問を受けないこと、迫害からの庇護を求める権利、思想や表現の自由、集会の自由、労働の権利、教育への権利、などなどです。

「憐れみ」と「人権」の違い

それだけでは抽象的で、まだ少し実感しにくいかもしれません。では、次のような描写ではどうでしょうか。

タンザニアのフェブロニアという三五歳の女性は七人の子供を産んだ。そのうち二人は七歳の時にささいな原因で死に、一人は生まれてすぐに死んだ。夫はコーヒー園の日雇い労働者で、六人家族の年収は一二五米ドルである。家族は掘っ建て小屋で暮らし、フェブロニアは毎日片道一時間もかけて水をくみに行く。彼女は働きづめだが食うや食わずの生活が続いている。だが夫は酒を飲むと彼女を殴ったり蹴ったりするので、彼女はおびえながら暮らしている。子供たちのうち、女の子たちは母親の仕事をよく手伝い、子守から草刈りまで何でもやるが、男の子だけは外で遊んでいることが多い。（ユニセフ『世界子供白書』

二〇〇一年版より要約)

ここにはいくつもの「人権」問題があります。働いても働いてもわずかな賃金しか得られないがゆえの貧しさ、往復二時間も行き来しなければ清潔な飲み水が手に入らないこと、子供に基礎的な医療も施されないこと、女性の地位が低く家庭内暴力もなかば当然であること、などです。

フェブロニアとその家族がこういう状況に置かれているのはかわいそうなことだ、と言うのは「憐れみ」です。それに対し、それはいけないことだ、と言うのが「人権」の思想なのです。何が違うのでしょうか。それは、他の国でならば(あるいはタンザニアの中でさえも)こういうひどい境遇から抜け出すことがすでに可能になっているのに、特定の人々だけが抜け出せずにいる(抜け出すことを押しとどめられている)点です。すべての人が同様に悲惨であるなら、権利の問題はあまり先鋭になりません。不条理な格差があるから、したがってそれが是正されるべきだと考えられるから、人権の問題になるのです。

不条理な格差をなくす

この点は人権の本質の一つだと言ってよいでしょう。つまり、不条理な格差を放置していてはならない、あるいは不条理な格差を新たに生み出してはならない、ということです。人間というものは平等に生まれ落ちてはきません。体格や体力や知力、たまたま生まれた国の国力や家庭の経済力に至るまで、さまざまな違いや格差があります。「人は生まれながらにして平等である」と言いますが、現実には「人間は生まれながらにして平等でない」のです。

その不平等をどうするか。もし他の人々と違った待遇を受けることが当人の責任であるならば、それは致し方ないでしょう。たとえば有罪判決を受けた（公正な裁判で！）人間が懲役刑に服して自由を奪われるのは、刑務所での処遇が非人道的にならない限り、当人自身の責任によるものであって、「人身の自由」という権利の侵害ではありません。しかし、皮膚の色や性がいずれであるかは全く当人の選択でも責任でもありませんから、そのことの責任を負わされたり、そのことを理由に差別待遇を受けることにはどんな理由もないはずなのです。であるならば、そういう差別は解消しなければならない。ましてや、そういう根拠に基づいて新たに差別を設けたり、拡大したりしてはならないことになるのです。少なくとも近代法の思想のもとではそうです。このように人権とは、根拠のない格差を消すこと、生み出さないことなのだと言ってよいでしょう。

皮膚の色や性だけではありません。たまたまどの国に生まれたかによって境遇が大きく変わるのも、皆に共通の解決義務を課す「人権」の問題になるのではないでしょうか。もう一度ユニセフの文書になりますが、『国々の前進』という資料の一九九九年版に、「債務は子供の顔をもつ」と題する論説がありました。「途上国債務」と言ってしまうと、「貧しい国が負っている借金のこと」で話が終わってしまいますが、この論説は、国々のそういう債務の背後に一人ひとりの子供がいる、という現実をえぐり出したのです。いわく「子供ひとりあたり、モーリタニアでは九九七米ドル、ニカラグアでは一二一三米ドル、コンゴでは一八七二米ドルの債務を負って人生のスタートを切る。開発途上国全体では、この額は平均四一七米ドルである」。たまたま日本やアメリカで生まれた場合はそういう債務なしで人生を始め(最近は事情が少し変わりつつありますが)、コンゴで生まれた場合は一八七二ドルの債務を負うということに、はたして合理的な根拠があるでしょうか。もしないのなら、それは正されるべき事態となり、そこに「人権」が発生するのです。

2　さまざまな迫害と人権NGO

拷問・虐殺・「強制失踪」

いま見た例は貧困や債務に関わる人権の問題であり、構造的暴力と積極的平和に関わる問題ですが、国際・国内の直接的暴力および消極的平和に関わる人権問題も、もちろんあふれるほどあります。

無数の例の中から、たとえばグアテマラなどはどうでしょうか。一九六〇年から九六年まで、軍事独裁政権が左翼ゲリラ勢力駆逐作戦を続け、その一環としてあるいはそれとの関連で、大規模な人権侵害が行われた国です。拷問や虐殺は軍事政権側だけでなく、ゲリラ勢力の側によっても行われました。三六年間に死者・行方不明者は二〇万人以上、国内避難民が一五〇万人、国外に逃れて難民となった人々が一五万人以上にのぼったと言われています(歴史的記憶の回復プロジェクト編『グアテマラ 虐殺の記憶』岩波書店、二〇〇〇年。以下事実関係の引用は同書から)。

虐殺を精確に記録するため、カトリック教会を中心に編成されたNGO「歴史的記憶の回復プロジェクト(REMHI)」が、六〇〇〇人に及ぶ被害者から聞き取り調査を行いました。その証人の一人はこう言います――「殺された人たちは、路上で捕まったんです。あの人たちを拷問して、手足を縄で縛り上げました。(中略)殺す前に衣服を剝ぎ取って裸にし、さんざん殴りつけ、拷問したんです。それから二人の遺体を道端に放り捨てて行きました」。「強制失踪」、すなわち反政府的と見なされた人々を暴力的に誘拐し行方不明にしてしまう人権侵害や、女性に対する忌まわしいほどの暴行も、詳細に証言され記録されています。

そういうことがグアテマラだけでなく、いくつもの国で行われ、いまも各地で続いています。これはもはや、人間の間の格差うんぬんの問題ではなく、むきだしの蛮行であり、どういう場所においてもただちに止《や》めさせなければならない行為です。人権に関する議論もなかなか入り組んでいて、そもそもが西欧的な発想で生まれてきたものなのだから、世界の他の地域でもそのまま適用しようとするのはよくない、国や地域により違った人権観念を認めるべきだ、という意見もあります。たしかにそういう面もあるのですが、しかし、人間を拷問したり暴行したり虐殺したりすることだけは、どういう文化圏であろうと、等しく禁止されなければならないことのはずです。その意味で、普遍的な人権というものはたしかに存在するのだと言わねばなりません。理性と良識を失っていない人間ならば誰しも震撼《しんかん》させられ、他人の身の上に起きたことであっても止《や》めさせたいと考えるような人権侵害――そういうものが現代世界にはあるのです。

人権NGOというもの

第二次世界大戦後に、人権NGOと呼ばれる市民の組織が次々とつくられることになったのも、こうした背景があったからこそです。飢餓を救済したり教育の支援をしたりする活動も、広い意味では人権実現のための活動ですから、それをするNGOも人権NGOと呼ぶことができるのですが、ふつう人権NGOと呼ばれるものは、政治犯拘束・拷問・虐待・暴行・強制失踪など、生命や人身の自由に対して加えられるはなはだしい侵害に対して目を光らせ、抗議行動を起こすような団体を指します。アムネスティ・インターナショナル、ヒューマン・ライツ・ウォッチ、国際法律家委員会など、国際的によく知られたものも少なくありません。

活発なNGOはいろいろな分野で存在していますが、人権NGOは、開発NGOと並んで、奪われた人間性を回復すること＝脱犠牲者化そのものをめざす点で、とりわけ存在意義も感知されやすいのだろうと思います。ともかく、こうしたことがきっかけになって、世界に一つの大きな変化がもたらされました。普通の市民の思考や行動が国際社会の運営に影響を与える、ということです。そこで言う「国際社会の運営」とは「脱犠牲者化」行動でもありますから、すなわち「平和の建設」でもあります。こうして、平和の建設に対して市民の行動が大きな意味を持ち始めたのだと言ってよいでしょう。

それに関して注目しておいてよいのは、脱犠牲者化行動においては、NGOと《国連の中のNGO的な部分》とが連携し合うことが多い、という点です。《国連の中のNGO的な部分》と言いますのは、総会や安保理のように国家代表で構成されるのではない、国連職員によって構成される機関を意味します。国連そのものの事務局や、国連難民高等弁務官事務所（UNHCR）のように国連グループに属する機関などです。国家の代表が国益のために働くのとは違い、いわば国際社会全体の利益のために働いていると見ることもできるわけで、その点でNGOに近いのです。

「市民社会」の台頭

難民の救援に関しては、セーブ・ザ・チルドレンや国際オクスファムといったイギリス起源の国際NGOや、JEN(かつて日本緊急救援NGOという名称だったもの)やピース・ウインズ・ジャパンといった日本起源のNGOが、いくつも活発に活動しています。ほかにもたくさんありますが、そうしたNGOの中のかなりの部分がUNHCRと協働あるいは連携しながら仕事をしているのです。緊急事態に対する救援に関しては、政府間の国際機構(国連など)であるか非政府間の団体(NGO)であるかなど関係がない、ということでしょう。

難民問題は、本当に深刻な非平和の問題です。UNHCRが救援にあたる難民の数は、年によって変動はありますが、二〇〇〇万人前後。世界のどこかで毎年、それだけの人々が故郷を追われ、国境を越えて生活の場所を失うのですから、UNHCRやNGOが手を携えてフル回転で活動しなければなりません。難民(および自国内で逃げまどう「国内避難民」)の置かれた境遇を「強制された移動」などと呼びますが、まさに難民たちは、望んでもいないのに、恐怖とともに住む場所を追われているのです。それもまた人権侵害であることは、あらためて言うまでもありません。その意味で、難民などに対する人道的救援活動は、同時に緊急の人権保護活動でもあります。

こうして世界が変わり始めました。「いまや何でもNGOの時代」といった乱暴なくくり方をするつもりはありませんが、活発で優良なNGOを除外して世界の問題の解決を考えることも難しくなっているのです。国連でも、数年前からこういうNGOを重視し、「市民社会」(civil society)という名で呼び、それらとの連携を本格化させようとしています(NGOと「市民社会」とは重なる部分もあり、そうでない部分もありますが、ここではほぼ同じ意味で使っておきます)。それほどの「主役化」は、人権を核とする解決課題の噴出が、問題意識を持ち行動力もある人々の反応を引き出したことを意味しています。いわば、世界的諸問題が、世界各地で普通の市民の組織を育てた、ということになります。それは、人間の悲惨と苦悩が続く中での、希望を与える副産物でした。

3 NGOたちのいる世界

国際法のつくられ方

では「市民社会」は、現場で救援にかけずり回っているだけなのでしょうか。「大所高所」の政策や、大元の国際法のルールは、あくまで政治家や政府高官だけが決めている、ということなのでしょうか。そうではありません。近年ますます、この問題多き世界に必要な国際法

（条約など）を自分たちが原動力になってつくろう、という動きを見せる団体が増える傾向にあるのです。

とはいえそれは、ごく最近のできごとなのでもありません。一八五九年、ソルフェリーノ（北イタリア）の戦場の凄惨な光景に衝撃を受けたスイス人、アンリ・デュナンが傷病者救援のための組織をつくろうと決めました。そうして一八六三年に、いまの赤十字国際委員会の原型となる組織（「五人委員会」）が設立されたのです。その頃からすでに、現場での救護活動を国際的に組織するだけでなく、傷病者保護を義務づける条約をつくる活動を進めています。一八六四年には「戦地傷病者の保護に関するジュネーブ条約」という、国際人道法の出発点とも言うべき条約が、この五人委員会の推進によって締結されました。赤十字国際委員会がその後も、第3話で触れた一九四九年のジュネーブ四条約など、多くの国際人道法締結の原動力になったことはよく知られています。

その流れの延長上に、最近の「国際立法」への関わりもあります。拷問を禁止する条約がないからそれをつくろう（アムネスティ・インターナショナルなど）、対人地雷を禁止する条約がないからそれをつくろう（地雷禁止国際キャンペーン＝ＩＣＢＬ）、等々です。いずれもみごとに実を結びました。国々だけに任せていても必要な国際法規がなかなか制定されないから、現場の必要を知っている自分たちが法制定を提唱しよう――そういう動きです。また、法制定ではありませんが、核兵器の使用が違法であるかどうか曖昧なままにされているから、国際司法裁判所の判断を求めようとしたのも、国際平和ビューローなどいくつかの反核平和NGOによる、国連総会への働きかけの結果でした(第7話参照)。

規範起業家

こういう潮流に関連して、最近、「規範起業家」(norm entrepreneur)という面白い言葉が使われることがあります。いまはまだ存在していない、新しい国際法規を生み出そうと、その「言い出しっぺ」になろうとする人々や組織や国々を指します。必ずしもNGOだけでなく、国連機関や、場合によっては国家であってもかまわないのですが、新しい法規や条約を提唱し、それに賛同する国々を増やし、ついには条約等に結実させる行為です。いま見たようにそれは、拷問等禁止条約(一九八七年発効)や対人地雷禁止条約(一九九九年発効)になって現実化しました。国際刑事裁判所規程(二〇〇二年発効)がつくられたのも、多くのNGOの推進活動があってのことです。人々が国々を巻き込み、新しい規範状況を生み出すということが、いよいよ本格化しつつあると言えようかと思います。

長い間、国際法や国際裁判所をつくるという仕事は、国家を代表する高官だけのものとされてきました。しかし、世界的にはいまやそれが、「民間」からの「起業家」の参入を許す方向へと向かいつつあります。あちこちから勝手な国際法規が主張されるのはいけませんが、何が本当に必要な国際法規かを主張するための間口が広げられるのなら、それ自体は将来への可能性を秘めた、意味のある展開なのではないでしょうか。

アリア方式――安保理にもNGOが

あちらこちらでNGOが活動し、国際法の定立にまで関わっているとは言っても、国家間の外交からはやはり距離があるのではないか、とりわけその「頂点」とも言える国連安保理などはNGOにとって無縁の存在なのではないか、と普通には考えられるかもしれません。しかし、実際にはそうではなく、安保理のメンバーに対してNGOの代表が意見陳述を行うということが、一九九〇年代からはしばしば見られるようになっています。

発端は、ベネズエラのディエゴ・アリア国連大使でした。一九九二年三月、安保理議長国になった際ですが、紛争中のクロアチアから脱出してきた一人の司祭に、安保理メンバーに事態を話してほしいと望んだのです。それを公式に実行することが許されなかったため、アリア大使は理事会のラウンジで非公式の「お話を聞く会」を開きました。一〇人ほどの大使が出席し、現地から直接にもたらされた情報の生々しさに驚いたと言います。

これは一つの突破口になりました。アリア大使はさらに、ソマリア情勢の現地報告を聴きたいと、人権NGOであるアフリカ・ウォッチ(現在はヒューマン・ライツ・ウォッチのアフリカ部門)の代表を議長室に招きます。その頃はまだ、安保理がNGOから報告を受けるといったことがおよそ考えられない時代でしたが、NGO側の意欲とも相まって、この手法に期待が集まりました。こういう方式は「アリア方式」と呼ばれています。一九九四年、ルワンダ情勢が危機的になったときには、一月に議長となったチェコのカレル・コヴァンダ大使が、ヒューマン・ライツ・ウォッチのルワンダ問題専門家を大使公邸に招いて、非公式に意見聴取をおこないました。この際は当時の非常任理事国すべてが参加したといいます。

もう一人、こういう安保理とNGOの連携強化を構想した主要人物は、チリのホワン・ソマビア大使です(一九九六年四月および九七年一〇月に安保理議長)。アリア方式の開始にもかかわらず、特に常任理事国の多くはNGOの関与に反対で、一九九六年にはブルンジ情勢に関してNGOから報告を受けるという提案が見送られたりしていました。それに対してソマビア大使は、一九九七年、赤十字国際委員会・国際オクスファム・国境なき医師団・CAREという四つの人道援助団体を招いて非公式会合を開き、ブルンジ周辺地域(アフリカ大湖地域)の情勢に関して意見聴取をしたのです。安保理の理事国ではない国々も招いての会合でした。その後、一九九九年から二〇〇〇年にかけて、フランス、オランダ、カナダ等の大使が同様にアリア方式を実施し、それに対する常任理事国のアレルギーも弱まったと言われます。

「この人たちこそが知っている」

こうしてNGOと安保理の提携関係に、一定の土台がもたらされました。その後は両者ともに、この方式への関心が薄れかけているとも伝えられますが、《市民社会の世界化》という潮流を視野に入れるなら、国連外交の中でこういう要素を強めることが、平和の建設には有用であるように思います。複雑化する国際情勢が、細部に至るまで精確に——人間の安全保障に目配りがきくほどに——安保理に伝えられているという保証はないからです。そこにおいて、ソマビア大使の次のような言明こそが、傾聴に値するのではないでしょうか。

安保理と国際オクスファムのような団体との間に、もっと強力なつながりをうち立てねばならない。それらの団体が、まさに現場で人道活動をおこない、直接に相手方社会に触れ、危機に瀕している人々のおびえた目をのぞき込み、その人々がどういう人々かをよく知っているからである。つまり、そこで何が起きているか、どういう派閥関係が存在するか、支配者と民衆の関係はどうなっているかを、誰よりもよく知っているのだ。そしてそういう話は、これらの団体から聴きでもしない限り、安保理の議場には絶対に届くことがないのである。

第７話

核と殲滅の思想

―人間の忘却としての平和破壊―

広島に投下された原子爆弾は，人の形を板塀に焼きつかせた.
(写真提供＝毎日新聞社)

1　戦略爆撃とヒロシマ・ナガサキ

夏の花

ギラギラと炎天の下に横《よこた》わっている銀色の虚無のひろがりの中に、路《みち》があり、川があり、橋があった。そして、赤むけの膨れ上った屍体がところどころに配置されていた。これは精密巧緻《こうち》な方法で実現された新地獄に違いなく、ここではすべて人間的なものは抹殺され、たとえば屍体の表情にしたところで、何か模型的な機械的なものに置換えられているのであった。苦悶《くもん》の一瞬足掻《あが》いて硬直したらしい肢体は一種の妖《あや》しいリズムを含んでいる。

(原民喜「夏の花」新潮文庫版)

これは作家・原民喜《たみき》が描いた、一九四五年八月六日の広島の様子です。その日の午前八時一五分、突然「頭上に一撃が加えられ、眼の前に暗闇がすべり墜ちた。……嵐のようなものの墜落する音のほかは真暗でなにもわからない」という原爆投下の瞬間を体験した原は、川に向かって逃げる道すがら、この地獄絵図を目にしたのです。

投下された爆弾は通常の火薬(TNT火薬)に換算して約一五キロトン。当時世界最大の爆撃機だったB29が搭載できた通常爆弾は最大で五トンでしたから、広島は一瞬にして三〇〇〇機以上のB29の猛爆を受けたことになります。熱線と衝撃波と爆風と放射能の威力が合体して、膨大な数の犠牲者が生み出されました。その年の年末までの死者は、推定で一四万人くらいとされています。広島から三日後、今度は長崎が同様の目に遭いました。投下された原爆はTNT換算で約二二キロトン、被爆数カ月以内の死者は七万人前後と推定されています。

両市で人々の受けた被害がどのようなものであったかについては、たとえば『原爆災害　ヒロシマ・ナガサキ』(広島市・長崎市原爆災害誌編集委員会編、岩波書店)にコンパクトにまとめられていますので、実証的な記録に関してはそういうものをお読みください。ここでは、このような残虐な兵器の使用が、「戦争がいよいよ激しくなったので、勢いでやむを得ず使われた」というものではないのではないか、という点について考えておきたいと思います。たまたま使われたのではなく、戦争の歴史の中で、《殲滅《せんめつ》の思想》と《市民威嚇の思想》が頂点に達したから、あのような兵器の使用にもブレーキがかからなくなったのではないか――。

戦略爆撃の思想

敵の兵士たちや軍事施設などの、いわゆる「軍事目標」ではなく、一般市民やその居住地域などに対して空から爆撃を加えることを、戦略爆撃と呼びます。無差別爆撃とも言いますが、こちらは主に国際法(国際人道法)的な視点、つまり区別すべき軍事目標と非軍事目標とをきちんと区別しない点を強調する言葉です。それに対して戦略爆撃とは、戦争に勝つため、その最も効率的な方法として市民たちに被害をもたらすという側面を強調します。自覚的に一般市民を狙い、爆弾の雨を降らせ、焼夷弾で街を焼き尽くすことなのです。

戦略爆撃が開始されたのは、ピカソの絵で有名な、スペインのゲルニカからだとされています。一九三七年四月、ドイツ軍が焼夷弾で市街地を焼き、爆撃して、一六〇〇人以上の死者を出した作戦です。その翌年、日本軍が中国の重慶に戦略爆撃を開始し、一九四三年まで続きました。戦略爆撃に関する前田哲男氏の大著、『戦略爆撃の思想』によれば、死者数は中国側資料で一万一八八五人にのぼったとされています。そのときに陸軍飛行団長から出された攻撃命令には、「飛行団ハ主力ヲ以テ重慶市街ヲ攻撃シ、蔣政権(蔣介石の国民党政権=最上註)ノ上下ヲ震撼セントス」とありました。この「上下ヲ震撼セントス」という部分が要点なのです。「下」、つまり一般市民を震え上がらせることがこの種の爆撃の主目的であることを、この命令書は端的に述べているからです。

戦略爆撃はこのあと、ドイツがロンドンに(一九四〇年)、イギリスがドレスデンに(一九四五年=本書第4話参照)、そしてアメリカが東京や大阪、さらには広島と長崎におこないました。

第二次世界大戦後では、アメリカがヴェトナムでおこなった爆撃（一九六五―七三年）や、最近では二〇〇三年からの対イラク戦争などを挙げる人もいます。軍事目標と非軍事目標が混じっている場合などは、厳密には戦略爆撃とは呼びにくい場合もあるのですが、「付随的」にであれ、一般市民に大きな被害を生んでいるのであれば、広い意味では戦略爆撃に含めてよいでしょう。また「爆撃」の中には、飛行機で爆弾を落とす場合だけでなく、はるか遠くからミサイルを撃ち込む市民攻撃も含まれます。いずれにせよ、多くの国が同じことをやってきたのです。

戦略爆撃には、雨あられと爆弾を降り注がれる側の視点に立った場合、一つの共通点があります。戦っている戦闘員と違い、なすすべもなく猛爆や焼夷弾にさらされる市民たちが、極度の恐怖に包まれるということです。前田氏は、この種の爆撃を、「空中からのテロル」（テロルとは「テロ」のこと）と表現しています。空からテロを行い、一般市民を震え上がらせる――なかなか巧みな譬《たと》えではないでしょうか。

殲滅から核へ

一般市民を恐怖の底にたたき落とす戦略爆撃は、しかし、恐怖は与えるが命だけは救う、というものではありません。恐怖をしみこませるためには、実際に大規模な数の犠牲者を生み出すことが必要なのです。こうして戦略爆撃は、単なる《市民威嚇の思想》にはとどまらず、その背後に《殲滅の思想》[*]がひそんでいることになります。非戦闘員である市民に恐怖を与え、士気を奪うことが目的だとは言いますが、意図的にであれ偶発的にであれ、大量の一般市民を集中的に殺害し、街を焼き払うのですから、必要ならば相手方を殲滅してもかまわない、という考え方がどこかにあるはずなのです。

＊「殲滅」という言葉は、国際刑事裁判などでは、食料や医薬品を絶って住民の生命を奪うこと、と定義されるようになっていますが(例・国際刑事裁判所規程第七条2(b))、ここではその言葉の通常の意味、つまり「皆殺し」という意味で使います。

敵国市民を恐怖のどん底にたたき落とすことが目的であり、そのために殲滅にも似た行為を実行するのなら、その最も効率のよい手段は、常識を超えた破壊力を持つ兵器を使うことでしょう。それが核兵器でした。たまたま一九四五年に完成したから広島と長崎で使われたという面はあるかもしれませんが、やはりそれは、戦略爆撃の思想にどっぷりとつかってきた人類が、なかば当然のようにたどり着いた結末だったのです。

とはいえ、核兵器による戦略爆撃は、それまでの通常兵器による戦略爆撃とは違った面を持ちます。兵器の性質が違い、被害の甚大さも違いますが、それだけでなく、必然的に無差別にならざるをえない兵器である点が、大きな違いなのです。爆撃機による爆撃は、戦闘員と一般市民とを差別(区別)しようと思えばできなくはありません。これに対し核兵器は、いわば最初から差別化を放棄した兵器です。差別化が可能なのにしないのと、最初から不可能であるのとでは、どちらがより罪が深いか、判断のむずかしいところですが、ともかく差別は不可能になりました。使えば自動的に国際人道法違反になるわけで、それは、倫理的にだけでなく法的にも「使えない」兵器であることを意味します。「究極の兵器」は、良心と遵法精神のある限り、「使えない」兵器でもあるのです。もっとも、それゆえに一部の核保有国は、「差別化できる」核兵器、すなわち小型核の開発を執拗に続けることになりました。

2　核の時代

核にからめ取られる国連

第二次世界大戦が終わり、世界は国連という《平和のための国際機構》をつくりました。それは第二次世界大戦を強烈に否定する営みでもあります。他方でそれは、第二次世界大戦の終わり方を否定するものではありませんでした。「終わり方」とは、広島と長崎で究極の戦略爆撃がおこなわれ、それを機に戦争が終わったことを指します。たしかに戦争は終わらねばならなかった、しかしそのためならば究極の非人道的兵器を使った戦略爆撃がおこなわれてもよいのか。少なくとも、こののちも「よい」ことにし続けるのか――。

勝った側が使った兵器ですから、そういう点は不問に付されました。加えて、アメリカだけでなく、ソ連もイギリスもフランスも中国も核開発に乗り出し、あっという間に核保有国になったのです。こうして核兵器を否定するのではなく、肯定する体制が成立しました。それが国連という体制そのものだった、と言うのはやや不精確ですが、国連が存在しようとしまいと(その外で)核保有は正統性を保つことになった、とだけは言えるだろうと思います。

ただ、一九六八年には核拡散防止条約(NPT)が締結され(七〇年発効)、その時点で核を保有している国だけが保有を許され、それ以外の国は許されない、という核不拡散体制が成立します。非核保有国にとっては「差別的」だとの不満をかもし出すこともある体制ですが、非核保有国が核を保有しないように、その監視にあたる機関も指名されました。一九五七年につくられた国際原子力機関(IAEA)です。国連の機関そのものではありませんが、密接な連携があり、国連の一部と考えても差しつかえないでしょう。

ところがそうなると、国連が間接的に核不拡散体制を維持しているかたちになり、不満な国にとっては「国連が差別的な体制を支えている」ということになってしまいます。そうして一九七一年には、中国(中華人民共和国)が台湾に替わって国連で議席を持つことになりました。そのとき、安保理常任理事国はすべて「公認の」核保有国だけ、という国連体制が確立したのです。

核本位制

国連のそうした状況だけが原因ではありませんでしたが、冷戦期の世界は、米ソの核軍拡競争を軸にして、次第に核兵器への傾斜を強めていきます。米ソの対立はイデオロギー的な要素が重きをなしていた時期もありました。逆にまた、イデオロギー的な要素は弱まって、その分、「何らかの究極目的のための手段というよりは、パワーそれ自体の自己運動に伴う対立」(『坂本義和集5　核対決と軍縮』岩波書店)になった時期もあります。いずれにしても、核兵器を保有することと自体に価値がある、という価値観を世界に広める結果にはなりました。核保有を求めることが正常であるかのような具合になり、実際にいくつもの国が核武装の追求を開始したのです。

そのように、核兵器の正統性を疑うどころか、かえって核の保有が国の格付けを高めるとするような価値体系を、核本位制(nuclearism)などと呼びます。一時期、世界はそういう価値体系に惑わされていたのです。いや、いまなお惑わされている国がいくつか残る、と言うべきでしょう。

核本位制の根底にあった、核を正統化する論拠は、第1話でも触れた核抑止論です。冷戦期、その理論がきわめて冷戦的な現象なのだと考える人が少なくなかったように思います。つまり、国々を核兵器に走らせるこのような理論は、何より冷戦的対立の産物なのだから、冷戦が終わればこういう理論もなくなり、世界の非核化のチャンスは増えるはずだ、と。

しかし、現実にはそうなりませんでした。核超大国は(多少は保有弾頭数を減らしたものの)相変わらず核を頂点とする軍備体系を放棄しようとはしません。それに倣《なら》うかのように、インドやパキスタンが核実験をおこない、イランや北朝鮮が核保有のそぶりを見せる——いつまでも世界は、本当に非核の方向に向かおうとはしないのです。おそらくそこには、冷戦が終わっても変わっていない何かがあるのでしょう。

核軍縮なき核不拡散

一つにはNPT体制の不備があります。核兵器が世界中に拡散するよりはしないほうがよい。その点でNPT体制にはそれなりの意義もあるのですが、同時にそれは、核保有国が核軍縮をしなければ、単なる差別構造だととられかねないものでもあるのです。核拡散防止条約第六条では核軍縮のための交渉をすることが義務づけられているのですが、それが遅々として進まないため、この体制は《核軍縮なしの核不拡散》をしいるだけになってしまいます。「だから自分も核武装する」という反応は肯定できませんが、不平等への反発がいつかはそういうかたちで噴出するであろうことも理解できます。第六条を生かさなければNPT体制が崩壊すると心配する声が多いのは、そういう理由によります。

もう一つ、いまなお殲滅の思想も消えていないのでしょう。いつかは戦うかもしれない、戦ったら相手を滅ぼす用意もなければならない、そのためには核兵器が最も効率がよい——。特に、「対テロ戦争」を含む「新しい戦争」の時代は、「正義」と「悪」とが衝突するという構図になりがちですから(いわゆる「テロ」の側も「対テロ」の側も同じように考えているのです)、それぞれに究極の兵器を持っていなければ安心できないことになります。それは単なる軍事的安全保障の問題ではありません。本当にそこまで抜き差しならない対立をしなければならない理由があるのか、あるとすればそれをどう沈静化するかという、政治の問題なのです。

ただ、世界中がこの核本位制の狂気にとらわれているわけでもありません。核軍縮にうまずたゆまず取り組んでいるNGOや国々もありますし、非核地帯(あるいは非核兵器地帯)も、冷戦期から着実に広がりつつあります。すでに成立しているものとしては、ラテンアメリカ非核兵器地帯(一九六八年成立)、南太平洋非核地帯(一九八六年成立)、東南アジア非核兵器地帯(一九九七年成立)があり、条約がつくられて発効待ちのものとしてはアフリカ非核兵器地帯(条約調印一九九六年)があります。こうした潮流をテコに、殲滅の思想を乗り越えていくほか、非核の世界への道はないように思います。

3　核兵器は使ってよいか

不明だった位置づけ

実際に使えないほどの「究極兵器」である核兵器は、国際人道法においてはどう位置づけられているのでしょうか。国際人道法においては、たとえば、人体を貫通できないような弾丸でさえ使用を禁止されています。毒矢のような原始的な兵器も禁止されています。その程度の兵器でさえ禁止されているのなら、絶大な破壊力を持つ核兵器などは当然に使用を禁止されているだろう、と多くの方が考えるものと思います。

しかし、一見当然に思われるそのルールが、実は長い間、当然でも明白でもありませんでした。少なくとも一九九五年まではそうだったのです。毒矢でさえ禁止されているのに核兵器が禁止されていると断言できなかった理由は、これまでにつくられたどの条約にも、核兵器そのものを名指しして禁止したルールがないから、ということでした。核の使用が国連憲章に違反し人道に対する罪である、と述べた国連総会決議はいくつかありましたが、総会決議には法的拘束力がないという理由で、それらの決議だけでは核使用を違法化できない、とされていたのです。

しかし一九九六年、この問題に一つの方向性が与えられました。国際司法裁判所が勧告的意見において、「核兵器の使用は原則として違法である」とする判断を示してからです。勧告的意見とは、国連総会や安保理などの要請に基づいて、国際法の解釈や適用の仕方を国際司法裁判所が答えるという制度です。総会からなされた要請に答えたこの意見で、裁判所は、核兵器による威嚇や核兵器の使用は一般的に国際人道法の原則とルールに反する、と結論づけました。国家の存亡に関わる極限状況で自衛のために核を使用することについては、合法とも違法とも断定できないとしましたが、それでも原則として違法であるという判断を示したことは、国際人道法の一貫性を保つ、画期的なできごとであったと言わなければなりません。非戦闘員を絶対に攻撃してはならないと言い、人間に不必要な苦痛を与えてはならないと言いながら、それらの大原則を二つとも破る核兵器の使用を合法であるとしたなら、国際人道法の根本原理がどこにあるのか、全く見えなくなっていたかもしれないからです。

「恐怖で平和を保つことはできない」

国際司法裁判所では激論が交わされました。このときの意見も、いくつかの点で判断が大きく分かれています。その中で、核兵器使用の違法性をとりわけ強く主張した裁判官の一人に、スリランカ出身のクリストファー・ウィーラマントリー裁判官がいます。核保有国からは煙たがられた存在ですが、この問題については全精力を傾注し、八九頁にも及ぶ「反対意見」を書き上げました。反対意見というと、核兵器の使用を違法とすることに反対であるかのように聞こえますが、そうではなく、裁判所の意見は弱すぎる、自衛の場合も含めて核の使用は違法だと言うべきだ、という趣旨の「反対」だったのです。

その反対意見の中でウィーラマントリー裁判官は、核兵器があったからこそ第二次大戦後、世界平和が保たれたという主張に反論して、次のように述べています。

仮にこの主張が正しいとしても、そのことと核使用が合法か違法かという問題の判断とはほとんど関係がない。戦争に関する人道的諸原則に反する兵器は違法である。たとえそれが圧倒的な恐怖感をひき起こし、相手を抑止する心理的効果を持つのだとしても、そのことだけでそれを使うと脅すことが合法化されるわけではないのだ。この裁判所は、恐怖に基礎をおく安全保障といったものにお墨つきを与えることはできない。

そしてウィーラマントリー裁判官は、こう言うのです

恐怖によって安全を確保するということはどういうことか。それは、一九五五年にウイン

ストン・チャーチルが英国下院で用いた名言を借りるなら、「安全保障は恐怖の落とし子であり、人類の生存は人類の絶滅の片割れである」といった奇妙な状況に私たちが陥るということなのだ。……しかし、この裁判所が支えるべき責務を負っているのは法の支配であって、力の支配や恐怖の支配ではない。

核使用と核による威嚇の問題が、単に一つの兵器の合法違法の問題にはとどまらず、法の支配か力の支配かという、法秩序の根本的性格の問題にまでわたるものであることを、よく言い当てた言明であると思います。

「法の前に武器は沈黙する」か

こうして国際司法裁判所は、核の使用と核による威嚇が一般的に違法であるとの意見を示しました。この審理の際、日本から広島市長と長崎市長が証言のために出廷しました。いずれも情理を尽くした説得的な証言でしたが、特に平岡敬広島市長(当時)の証言のあと、ベジャウイ裁判長が「感動的な陳述でした」と謝辞を述べるという、異例のことも起きたのです(平岡敬『希望のヒロシマ』岩波新書、一九九六年)。

ただ、国連総会決議同様、勧告的意見は法的な拘束力を持ちません。したがって、国々がこの意見の示した判断に従うかどうかは、何とも予測がつかないのです。実際、このときの勧告的意見からすでに一〇年たちますが、この画期的な判断も年々影が薄くなっているように思われます。

そうではあれ、かりにある国が核兵器を使い、広島や長崎のような惨害をひき起こした場合に、「その国がそれを必要と判断したのだから仕方がない」と国際法が見逃してくれるという保証はなくなった、と見るべきでしょう。特に、第3話で見たような、国際人道法違反を裁く裁判制度がさらに強化された場合、核兵器の使用も現実の裁きの場に引き出される可能性は高まると思われます。「武器の前に法は沈黙する」のではなく、「法の前に武器は沈黙する」のでなければならないのです。

人間の存在の一つ一つが何ものによっても粉砕されない時が

この第7話の初めに紹介した原民喜は、一九五一年に自死しました。必ずしも原爆の後遺障害が主な原因ではなかったようですが、彼が死の前に書き残したとされる『心願の国』には、ヒロシマで彼と彼の隣人たちに襲いかかった非人道性を払いのけ、それに代わるものが来る日を待ち望む、ひたむきな思いが刻まれているように思います。

ウトウト眠りかかったときに彼は、不意に頭に電撃を受けて、「あの原爆の朝の一瞬の記憶が、今になって僕に飛びかかってくるのだろうか」と自問します。「あの時の衝撃が、僕や僕と同じ被害者たちを、いつかは発狂させようと、つねにどこかから覘《ねら》っているのであろうか」。そして、永遠の眠りの前の希望――。

ふと僕はねむれない寝床で、地球を想像する。夜の冷たさはぞくぞくと僕の寝床に侵入してくる。僕の身躰《からだ》、僕の存在、僕の核心、どうして僕は今こんなに冷えきっているのか。僕は僕を生存させている地球に呼びかけてみる。すると地球の姿がぼんやりと僕のなかに浮ぶ。哀れな地球、冷えきった大地よ。だが、それは僕のまだ知らない何億万年後の地球らしい。僕の眼の前には再び仄暗《ほのぐら》い一塊《ひとかたま》りの別の地球が浮んでくる。その円球の内側の中核には真赤な火の塊りがとろとろと渦巻いている。あの鎔鉱炉《ようこうろ》のなかには何が存在するのだろうか。まだ発見されない物質、まだ発想されたことのない神秘、そんなものが混っているのかもしれない。そして、それらが一斉に地表に噴きだすとき、この世は一たいどうなるのだろうか。人々はみな地下の宝庫を夢みているのだろう、破滅か、救済か、何とも知れない未来にむかって……。

だが、人々の一人一人の心の底に静かな泉が鳴りひびいて、人間の存在の一つ一つが何ものによっても粉砕されない時が、そんな調和がいつかは地上に訪れてくるのを、僕は随

分昔から夢みていたような気がする。(原民喜「心願の国」新潮文庫版)

こうしてこの作家は、人間存在のかけがえなさに堅く立つことによって、核による殲滅の思想を静かにきっぱりと押し返したのでした。そういう人間本位のリアリズムに比べると、国家間のパワーゲームのみに目を向けるリアリズムというものが、実は「人間」を忘れた皮相な議論であるように思われてなりません。

第 8 話

絶望から和解へ

―人を閉じ込めてはならない―

イスラエルはヨルダン川西岸地区に分離壁を築いた．
（写真提供＝毎日新聞社）

1　連鎖する悲劇

離散させられる人々

旧ユーゴが分裂し、内戦の始まった一九九一年、スペインから船出してアメリカ大陸をめざし、カリブ海を周航する旅行をしたフランス人がいました。エドウィー・プレネルというルモンド紙の記者です。そのほぼ五〇〇年前の一四九二年、コロンブスがおこなった航海の軌跡をそのままたどってみようという、壮大な計画でした。物見遊山の旅行ではありません。白人による世界支配の始まりともされるコロンブスの航海ですが、航海先の国々が五〇〇年後にどうなっているか、社会観察をするためです。

プレネルが内省を迫られるには、はるばるカリブ地域まで行く必要はありませんでした。スペインの港、パロスを出港するときに早くも、五〇〇年前に起きたことを痛切に思い出すのです。それは、コロンブスが出港した八月三日、多数のユダヤ人を乗せた最後の船が、スペイン各地から「永久の亡命」に旅立ったという事実でした。その年、ユダヤ人追放の勅令が発せられたのです。イギリスは一二九〇年、フランスは一三〇六年にユダヤ人追放をおこなっていましたから、スペインの措置によりヨーロッパからのユダヤ人追放がほぼ完成したことになります。

訪れた各地でプレネルが見たのは、コロンブスの新大陸「発見」を契機にヨーロッパからもたらされた、戦争と未知の病気と奴隷化によって、いくつもの社会が壊滅的な打撃を受け、あるものは消滅してしまったという事実でした。そして彼はこう結論します。「この放浪の旅を通じて発見できたメッセージとは、進歩がうたわれた今世紀（二〇世紀＝最上註）、人間の苦悩の問題が消えることは決してなかったということだ」（E・プレネル『五百年後のコロンブス』晶文社、一九九二年）。

苦悩と絶望は、ヨーロッパから追放され各地を転々としなければならなくなった、ユダヤ人の境遇の中にいまも残っています。悪いことに、そののち二〇世紀に入り、今度はユダヤ人たちに定住地を追われ、あるいは流浪の民となり、あるいは占領下でとらわれの民となって、絶望に追い込まれる民族が生まれました。いうまでもなく、パレスチナの人々です。この第8話では、このユダヤ－パレスチナ問題を軸に平和問題を考えていきます。この問題自体が深刻だからというだけではありません。この問題を解決しなければ解決しない他の問題が、世界にいくつもあるからなのです。

苦悩の山なみ

人類の苦悩が絶えなかったというプレネルの言葉でまっさきに思い出すのは、一九八五年、当時のヴァイツゼッカー西ドイツ大統領が連邦議会でおこなった、敗戦四〇周年の記念演説の一節です。そこでヴァイツゼッカーは、ナチス・ドイツの犠牲になった多くの人々、ドイツ自身の戦後復興において辛酸をなめねばならなかった人々を想起し、「はかり知れないほどの死者のかたわらに、人間の苦悩の山なみが続いています」と述べたのでした(『荒れ野の40年』岩波ブックレット、一九八六年)。とりわけ、大量に虐殺されたユダヤ人に対し、心から謝罪するものだったのです。その誠実さと勇気は、世界中の多くの人に感銘を与えました。

この数年後、まだ存在していた頃の東ドイツ議会も、ユダヤ人に対して「赦しを乞う」という、最も強い表現で謝罪を表明します。冷戦が終わりのきざしを見せ始め、和解を求める言葉もあふれて、世界に希望が見えていた数年でした。

ユダヤ人のたどった悲劇がこれほどの謝罪に値するものであったことは、あらためて言うまでもありません。推計で六〇〇万人もの人々が殺された、と言うとただの統計になってしまいますが、その背後に一つ一つのかけがえのない人生がありました。それがどういうものであったかは、例えばクロード・ランズマン監督の作ったドキュメンタリー映画の傑作、『SHOAH(ショアー)』をごらんになればよく分かるであろうと思います。一〇時間近い長い映画ですので、見るといっても容易ではありませんが、失われた六〇〇万もの生の一つ一つが、どれほど切ない失われ方をしたものであるか、実によく伝わってきます。

なぜこれほどの迫害がおこなわれたのか、それもホロコーストを一つの頂点として何世紀も差別と排除が続いたのかは、それ自体が膨大なテーマですので、ここで立ち入ることはできません。ただ一点、フランスのリオタールという哲学者が、キリスト教ヨーロッパにとってユダヤ人とは「馴致《じゅんち》しえぬ者」、つまりおとなしく飼い馴《な》らすことができない者だった、という説明をしています（J－F・リオタール『ハイデガーと「ユダヤ人」』藤原書店、一九九二年）。馴致できないから恐れる、あるいは情け容赦なく虐待することになる、と言うのです。要するに《異質な他者の排除》ということですが、これは最も手っ取り早い「平和の壊し方」だと言ってよいでしょう。

イスラエル建国

ともかく、ユダヤ人たちはこの悲劇を乗り越えます。その後に今度は、十数世紀に及ぶ流浪の生活に終止符を打ち、自前の国家をいよいよ持とうということになりました。といっても無人の土地があるわけではありませんから、いま現に住んでいる人々を押しのけることを承知の上で、どこかに国家を作ることにせざるをえない。その場所を、すでに長らく人間が住んでいたパレスチナにしてよいと約束したのが、第一次世界大戦当時の大国、イギリスでした(「バルフォア宣言」)。それによってユダヤ人組織の戦争協力を取り付けたのです。

この約束を当てにして、一九世紀から続いていたパレスチナへの入植が本格化したのは第二次世界大戦の少し前からでした。その頃からパレスチナ人とユダヤ人の衝突なども始まります。そして戦後の一九四七年、国連総会が「パレスチナ分割決議」を採択し、ユダヤ人国家の建設と、これもまだ自前の国家を持っていなかったパレスチナ人の国家の建設を認めました。ユダヤ人は翌四八年、イスラエルの建国を宣言します。

ユダヤ人にすれば、差別と虐殺を乗りこえてようやく安住の地を持てたということになりますが、パレスチナ人にすれば自分たちの土地を取られた、ということになるでしょう。そうして、パレスチナ難民が発生し、第一次中東戦争が起きました。イスラエルと、パレスチナを含むアラブ世界との、長い闘争の始まりでした。

このあと、一九六七年に第三次中東戦争が起こり、イスラエルは一九四七年の分割決議で割り当てられていなかった、ヨルダン川西岸とガザ地区を占領しました。そのまま占領を続け、イスラエル人「入植者」を送り込んで定住させます。ようやく二〇〇五年、ガザ地区からは撤退することにしたものの、ヨルダン川西岸の状況は変わりません。

この占領を国連安保理は違法だとし、イスラエルの撤退を求めています。しかし、強くイスラエルを支持するアメリカが、イスラエルに批判的な決議案に対して要所要所で拒否権を行使するため、それ以上のきびしい措置は全くとれません。違法占領に対してパレスチナ過激派などが武力闘争に訴えることもあり(すべてのパレスチナ人がそうしているのではありません)、それに対するイスラエルの弾圧もしばしば度を超したものになりますが、それでも安保理が具体的に手を打つことはないのです。

2　絶望する人々

国際法違反の占領

イスラエルという国家は、一九四八年の建国以来、武力によって維持されてきました。一九六七年からはそれに、「武力によって占領を継続する」という要素も加わります。武力で占領を続けるだけでなく、国際法で禁止されている占領地への入植、つまり多くのイスラエル人を移住させることも実施しています。そもそも安保理によって違法とされた占領ですから、この政策は二重に違法であることになります。

四〇年近くに及ぶこの占領でどれほど多くの暴力がふるわれ、どれほど多くの犠牲をもたらしたものであるかについては、これまでにも数多くの報告があります。比較的新しい情報として、たとえば人権NGO、アムネスティ・インターナショナルの二〇〇四年度版年次報告によれば、二〇〇三年度一年間で、イスラエル軍によって約六〇〇人のパレスチナ人が殺されました。そういうと「テロリストか」と思われる方が多いのではないかと思いますが、けっしてそうではありません。六〇〇人の大部分が武器を持たない一般市民で、うち一〇〇人は子供だったのです。アムネスティの報告は、これが無茶苦茶な銃撃や砲撃によるものだったとしています。さらに、路上などで「処刑」され殺された人も九〇人います。

このほか、公共施設や住居の破壊もひんぱんにあります。また、よく知られた「検問」があります。占領地域のあちらこちらに検問所があり、パレスチナ人の通行を妨げているのです。イスラエルはテロリストの取り締まりのためだというのですが、パレスチナをよく知る人の話では、妊婦や通学途中の子供までが長々と待たされ、出産に支障をきたしたり、学校に行けなくなったりと、庶民は耐えがたい思いをさせられているということです。往来で裸にされたりもして、これほど誇りを傷つけられることはない、という話も聞きました。

イスラエルの側にも死者や負傷者は出ます。アムネスティの報告によると二〇〇三年中には兵士が約七〇人、一般市民が二一人の子供を含む約一三〇人、それぞれ殺害されました。原因は大半がパレスチナ過激派による自爆攻撃ですが、一般市民の死者は大半がイスラエル国内で、兵士の死者の大半が占領地域で殺害されています。

絶望と絶望の応酬

イスラエルの占領政策はここ三、四年ほどの間に、いっそう過酷さを増したと言ってよいでしょう。過激派の自爆攻撃に神経をとがらすことは分かりますが、それにしてもどうしてここまで占領地住民に対して暴力的な扱いをしなければならないのか、理解に苦しむ措置が多すぎるように思われます。パレスチナの一部過激派もまた、自爆攻撃を減らす気配はありません。そのうちの、イスラエル一般市民を狙った攻撃は「テロ」と呼ばれても仕方のないものです。

これは絶望と絶望の応酬です。一方でイスラエルのほうは、国家としての存続を、パレスチナだけでなく周辺の国々との共存をはかりながらやっていくことに、最初から絶望している面があります。他方でパレスチナの多くの人々も、いつ終わるか分からない占領支配に絶望し、自分たちを助けようとしない国際社会にも絶望しています。そのパレスチナ人の中の過激な一部が、自暴自棄になったかのように自爆攻撃に走るという構図です。

とりわけ、自爆攻撃に走ることもなく、父祖の地に幽閉されたかのように占領に耐えるだけの、多くの一般パレスチナ人の絶望は、この上もなく深いと思われます。それはたとえば、イスラエルの作家、デイヴィッド・グロスマンの、次のような聞き書きからも明らかでしょう。パレスチナ人の立場にも理解を示すグロスマンは、一九八七年のことですが、パレスチナの難民キャンプでパレスチナ人たちと対話し、そこをつぶさに観察しました。そして、何も期待しなくなり、望まなくなったパレスチナ人たちが、まるでこう決意しているようだったと記します――「自分たちは変わらずにこのままでいる。生活をよくしようなどとも思うまい。ただコンクリートに塗り込められた呪いのように、敵の前から動かない」。

たくさんのパスポート

最近、占領地域から来たパレスチナの若い知識人と話す機会がありました。武力闘争をしている人ではありませんが、イスラエルに対する信頼は全く持っていない、と断言する人です。「お互いに何とか暴力を停止して話し合う可能性はないのですか」と何度も聞きましたが、「無理だと思います」と譲りません。「呪いのように敵の前から動かない」決意とはこういうことなのかと実感しました。長引く占領支配の中で本当に心を痛めつけられているのだ、と思ったものです。

それでも、終わり頃には「戦争に代わるものがほしい」という言葉だけは聞かせてくれました。驚いたのは別れ際のことです。「よいものを見せてあげましょう」と言って、ハンドバッグから次々と何種類もの身分証明書やパスポートを取り出したのです。まず占領地域内を移動するときに持ち歩く通行証(「これなしでは一日も生きられない」とのこと)、そしてイスラエルのパスポート、ヨルダンのパスポート……。まだある様子でしたが、事実上の支配をしている国（イスラエル）や、関係の密接な国（ヨルダン）などが、それぞれの都合でパスポートを発行するのだそうです。実際上も、そういうものを所持していなければ、国外に出たときなど、自分の居住地に戻ることもできないでしょう。この人の置かれた状況の大変さをかいま見た思いでした。

3　絶望せぬ人々

良心に生きる

六〇年近くも続く準戦時状態と、四〇年近くも続く占領のもとで、絶望し自暴自棄になる人々がいる一方、絶望せずに和解の努力を続けようと考え、実行に移している人々もいます。グロスマンの言葉を借りるなら、「絶望して、相手を憎むだけの人間にはなるまいと心に誓う」人々です。

数年前から、パレスチナ人とユダヤ人の間で、共同の作業所をつくって手工業品の製造販売を共同でおこなっている人々や、ときどき中学高校レベルで共同の授業を実施する人々や、高校生同士の対話集会を何度か開いている人々などがいます。もっと直接に占領の終結を求めたりする、パレスチナとイスラエルの女性たちの連合運動体などもできています。いずれもまだ小規模ですし、パレスチナ全体の和平につながるには先も長いでしょう。しかし、あきらめずに和解への努力を続けるこういう人たちがいなければ、平和の土台も築かれることはありません。

ここ数年は、イスラエル国内から現状変革を求める草の根の動きが目立ち始めています。その一つが二〇〇一年、高校生を中心とする男女六二人の若者が、軍刑務所への収監を覚悟で兵役を拒否したことです。

高校生たちはシャロン首相に宛てて兵役拒否の手紙を書きました。そこには、自分たちはイスラエル国家による土地収用、裁判なしの処刑、家屋破壊などの人権侵害に反対しますと書かれ、更にこう続きます。

こういった行為は正しくないだけでなく、イスラエル市民の安全を高めるという、本来の目的にも全く資するところがありません。私たちの安全は、イスラエル政府とパレスチナ人民の間で結ばれる公正な平和協定によってのみ、獲得することができるのです。それゆえ私たちは、良心に基づき、パレスチナ人民に対する抑圧行為への参加を拒否します。こうした抑圧行為はむしろ、テロ行為と呼ぶほうがふさわしいからです。

高校生とは思えぬほどしっかりした論理です。それ以上に、大変な勇気を必要としたことでしょう。実際この若者たちは、「裏切り者」とか「ひきょう者」といった罵声を浴びせられただけでなく、その後、順に軍の裁判にかけられ、有罪判決を受けて収監されています。非難もある一方、イスラエル国内に徐々に支持者も増えているようですが、この若者たちの愚直な熱意に、何とか国際社会が応える方途はないものでしょうか。

兵士の任務拒否

二〇〇三年九月には、予備役を中心とするイスラエル空軍のパイロット二七名が、パレスチナの一般市民に害を加える作戦行動に従事することを拒否するという事態も発生しました。空軍司令官宛の手紙の中で彼らは、自分たちはシオニズム(ユダヤ国家建設運動)を支持し、イスラエルを愛し、イスラエルを守りたいが、無辜《むこ》の市民を攻撃したりはしたくない、と述べています。「そのような行為は違法かつ不道徳であり、イスラエル社会全体をむしばんでいる占領がひき起こしたものです。この占領を永続化することこそが、イスラエルの安全と道義的な強さに致命的な打撃を与えているのです」。

署名した軍人の一人はインタビューに答え、「イスラエルの市民はパレスチナ人に報復しろと叫ぶが、報復はマフィアの仕事であって、われわれ空軍パイロットの仕事ではない」と述べています。この人たちの良心にも、国際社会は応えねばなりません。

絶望する人々に対してであれ、絶望せずに平和を求める人々に対してであれ、国際社会が救いの手を差しのべることはできないのでしょうか。イスラエルの占領といい、それに対する自爆攻撃といい、もう放置できないほど非人道的になっています。最終的に到達すべき答えも、かつてあれほど(パレスチナ人にではありませんが)迫害されたユダヤ人にも生存権を認め、パレスチナ人にも正当に生存権を回復させることしかないということが、客観的には明らかになっていると言ってよいでしょう。

にもかかわらず、前に述べたようにアメリカがイスラエル支持一辺倒の姿勢を変えないという事情もあって、国連安保理も実効的な手は打てずにきました(アメリカも舞台裏ではイスラエルに強い態度で行動変革を求めることがあります)。それができずに来たことは百も承知ですが、今度こそそれをしなければならないのではないでしょうか。

具体的にはたとえば、国連平和維持軍のような組織を派遣して、暴力の応酬だけでも抑止する、といったことです。平和維持軍的なものの派遣については、二〇〇二年にアナン事務総長が提案したことがあったのですが、いつの間にか沙汰やみになってしまいました。しかし、第5話で人道的介入のお話しをしましたが、国際社会が本気で人道のために介入するというのなら、このパレスチナほどそれにふさわしい場所はないように思います。もちろん、「戦争」を伴う介入ではありません。あの地域にはもうこれ以上、戦争はいらないのです。

4　サイードとバレンボイム

普遍的な人権のために

イスラエルで二七人の空軍兵士が任務拒否声明を出したその翌日、一人のパレスチナ人が亡くなりました。ニューヨーク市・コロンビア大学教授のエドワード・サイードです。『オリエンタリズム』や『文化と帝国主義』といった著書によって日本でもよく知られていました。アメリカでの生活が長く、アメリカの市民権を持っていましたが、最後までパレスチナ人としてパレスチナ問題に心を砕き続け、発言し続けた人でした。『パレスチナ問題』という大著もあります。

サイードはパレスチナ人でしたから、その姿勢は一貫してパレスチナ人の権利を擁護するものでした。とりわけアメリカにいて、パレスチナ人と聞くと「ああ、テロリストね」という反応が返ってくることに、しばしば絶望的な怒りを表明しています。また、パレスチナ人の自爆攻撃が九・一一の同時多発テロと全く同じだと考えられがちなこと、少なくともアメリカではそうであることについても、その無理解を嘆いていました。つまり、パレスチナ問題というのは、パレスチナ人が何もかも剝奪され抑圧されてきたことが根源にあるのだ、という主張です。そしてまた、多くのパレスチナ人が自爆攻撃を非難していることをなぜ無視するのか、という抗議でもありました。

ただ、サイードの立派な点は、こうしたパレスチナ擁護を、狭い民族主義からではなく、普遍的な人間の権利という視点からおこなっていたことです。彼は、アウシュヴィッツ以後、ユダヤ人であるかないかという問いは意味を持たなくなった、と言っています。つまり、ホロコーストのように残虐なことは、今後、ユダヤ人にだけでなく、ほかのどの人々に対しても起こってはならないことだ、と確信していたのです。そういう普遍的な価値観を前提にして、イスラエルの占領政策を糾弾し、また、指導力を発揮できないアラファト・パレスチナ暫定自治政府議長にも容赦ない批判を浴びせました。

和解への試み

このサイードが亡くなるまで心を通わせ、二つの民族の和解のための共同作業を一緒におこなうということもした、一人のユダヤ人(イスラエル人)がいます。ピアニストで指揮者のダニエル・バレンボイムです。ユダヤ人であることを誇りに思い、イスラエルを愛している人ですが、イスラエル政府の占領政策には批判的で、何とか両民族和解の方向に舵を切ることはできないか、それを懸命に模索している人でもあります。

自国政府に対して、彼は根源的な批判を展開しています。フランスの新聞に掲載された意見表明ですが、「自由と正義と平和を原則にした、あのすばらしいイスラエル建国宣言はどこに行ったのか」と問うているのです。他の人々を占領し支配すること、つまり他者の人権を犠牲にすることによって保たれるイスラエルの独立に、いったい何の意味があるのか――そう彼は問いかけます。

お気づきのことと思いますが、サイードとバレンボイムは同じことを言っているのです。「イスラエルよりパレスチナが正しい」と主張するのではなく、アウシュヴィッツ以後、誰もがこうむってはならないはずだった悲惨を、一つの民族が他の民族に与えるのはおかしい、と考える点においてです。

こうしてこの二人の人物は、民族の和解のための種をまこうと考え、実行に移しました。一九九九年、ドイツの都市ワイマールに、イスラエルとパレスチナ、さらにほかのアラブ諸国からも音楽を学ぶ若者を招き、オーケストラを編成して訓練するという企画です。当然のことながら、いろいろ難しい問題も起きましたが、最後は立派な演奏ができるまでになりました。そのときの記録フィルムが残されていますが、ベートーベンの交響曲第七番の、しっかりした演奏です。

閉鎖性を打ち破る

二年後の二〇〇一年、バレンボイムは単独でもう一つの試みをしました。ヒトラーが好んだという理由で、かつ本人が強烈な反ユダヤ主義者だったという理由で、イスラエルでは演奏がタブーになっていたリヒャルト・ワーグナーの曲を、エルサレムで演奏することです。イスラエルの音楽祭でのこと、演目は楽劇『トリスタンとイゾルデ』からの短い抜粋。指揮台から聴衆の同意を求めた上での演奏でしたが、会場は聴きたいという人とやめろという人に二分されて大騒ぎになりました。タブーを破ったということで、イスラエルでは大きな物議をかもすことになったのです。

しかしバレンボイムは、言うまでもなく反ユダヤなどではありませんし、いたずらに物議をかもそうと思ってこの演奏をしたのでもありません。歴史的に辛酸をなめつくした経験が下敷きになっているとはいえ、排他的な民族主義に傾斜し、自分たちをも他人をも不幸にしている祖国を憂え、その閉鎖性をもう少し普遍的なものに向けて開放できないかと考えていたのです。

この頃のいきさつなどを含め、サイードとバレンボイムが語り合っている談論の記録が、二〇〇三年に出版されました(邦訳『音楽と社会』みすず書房、二〇〇四年)。これを読むと、バレンボイムが、ワーグナーは卑劣な人間で彼の反ユダヤ主義は醜悪きわまりなかったと考えつつも、彼の音楽のすばらしさはそれとは別の事柄だと考えていることがよく分かります。それはまるで、民族固有の経験とは切り離して認めざるを得ない、普遍的な価値に目を閉ざすのは止《や》めよう、と言っているかのようです。

サイードもそれに呼応しました。同じ本に収められている小論で、「音楽は民族とか国民性とか言語の境界を超える。モーツアルトを鑑賞するためにドイツ語がわかっていなければならないということはないし、ベルリオーズの楽譜を読むためにフランス人である必要はないのだ」と書いています。

人を閉じ込めてはならない

この音楽談義の隠れた主題は、いかにして寛容を強めていくか、という点です。サイードは他の国家、他の民族、他の人間集団との関係の持ち方について、特に対立する人々との関係について、「ぼくたちは相手の歴史をがまんしなくてはならない」という言い方をしています。お互いに相手の文化や伝統を尊重し合うという意味です。とりわけ、中東のように狭い地域に関しては、「人々を分離しようという考えは絶対にうまくいかない」と彼は言います。「狭いところに閉じ込められた人間というものは、不安感を募らせ、被害妄想を強めるからだ」と言うのです。

バレンボイムもそれに呼応してこう言います。「もしいつの日か紛争が解決されうるとするなら、それは紛争当事者の接触を通じてしかありえない」。サイードが「がまん」と言っていることを、バレンボイムは「接触」と言いかえています。その共通点は、他者に対する《寛容》にほかなりません。自分とは違う人間たちも自分と同じように生存権を持っている、と認めることです。

この談論のなかで、意表をつかれ、思わずうなってしまう箇所があります。サイードがワーグナーの反ユダヤ主義について語り、「きみはユダヤ人だし、ぼくはパレスチナ人だから……」と言った瞬間、バレンボイムが「ぼくらは両方ともセム人だよ」と言うのです。セム人というと普通はユダヤ人を指しますが、もともとはアラブ人やユダヤ人を広く包み込む、セム語族という人間集団を指す言葉でした。そんなことはサイードもよく知っていますが、バレンボイムは、いまや殺し合いのための境界線になっている、二つの「民族」の区別をあえて消し去っておきたかったのでしょう。

これは大事な点です。これまで見てきたさまざまな平和問題の根底に、この《境界》の問題が横たわっていると思われるからです。いま少し、この問題を突きつめてみましょう。

5　さまざまな分離壁

沖縄県民の囲い込み

沖縄には在日米軍の基地等の七五パーセントが集中しています。面積は日本全体のわずか〇・六パーセントなのにそういう集中ぶりで、県土総面積の一二パーセントを米軍基地が占めるのです。危険と隣り合わせの生活、女性への暴行をはじめとする米兵犯罪の多発など、基地漬けの地域がこうむってきた苦難は数しれません。

県内いたるところに米軍基地があり、そのどれもが高い金網のフェンスで囲まれています。しかし、よく見ますと、そのフェンスは基地のほうに向かってではなく、沖縄の人々の住む市街地に向かって湾曲していることに気づきます。すべてがそうなのかどうか定かではありませんが、沖縄の方からそのことを聞き、訪れるたびに注意して見た限りではどこもそうなっていました。いわばあのフェンスは、米軍基地をではなく、沖縄の人々を囲い込んでいるのだという印象を受けるのです。あの広大な基地が日本の安全と平和のためにあるのだという考え方があることは承知していますが、少なくともあのフェンスを見る限りでは、それが平和の象徴であるようには思われません。

どちら側に湾曲しているかはさておき、沖縄でもほかの場所でも、フェンスとか壁といったものは、歴史上しばしば、平和ならざる社会状況を意味することが多かったように思います。特に、フェンスや壁の両側に住む人々が異質な人間たちだと決めつけられている場合にはそうです。例えば一九八九年まで存在していた、ベルリンの壁がそうでした。分断されたベルリン市民の感情には別のものがあったと思いますが、公式的には、壁の向こう側には自分たちに脅威を与える邪悪な人間たちが住んでいる、とお互いに考えていたのです。

そのような壁がある限り平和は訪れないこと、そして、平和な関係にある人々の間にはそういう壁が不要だということは、一九八九年に立証されました。私もその前年に壁を見に行きましたが、東側から西側へ脱出しようとして射殺された人々のために、壁にたくさんの十字架が描かれていて、そのおぞましさに言葉を失った記憶があります。同時に、そろそろ冷戦の終わりの息吹が感じられるようになっていた頃でしたから、こういう壁を邪魔に思っている市民も多いだろう、遠からず壊されるのではないか、と直感的に思ったものです。

パレスチナ分離壁

もう一度パレスチナ問題に戻ります。サイードやバレンボイムといった人々の熟慮にも、パレスチナ・イスラエル双方の心ある人々の努力にもかかわらず、問題には好転のきざしが見えません。もとより、当事者たちに「一つに合体して一つの国をつくりなさい」と言うことは、長く暴力と憎悪を重ねてきたこの地域では無理なことです。二〇〇三年四月、国連とＥＵとアメリカとロシアの四者が作成した中東和平行程表（「ロードマップ」）も言うように、まずはパレスチナ国家の建設を認め、それとイスラエルとの平和共存体制をつくる以外に現実的な解決策はないのかもしれません。

それは境界を設定することではありますが、「接触」を妨げるような壁を作ることとは明らかに違います。むしろ、二つの民族の間の憎しみや敵対行為をあおるような《目に見えない境界》はすでに存在しているのですから、それを壊すためにこそ国境という法的な境界を設定するのだ、と言うべきでしょう。国境を乗り超えて《寛容のうちに生きる》ためには、まず乗り超えるべき国境がはっきりと設定されなければならない――それがこの地域が負っている、つらい歴史なのです。

ところがそこにまた別の問題が起きました。憎悪と敵対の《目に見えない境界》を目に見えるものにするとでも言うかのように、二〇〇二年からイスラエルが、ヨルダン川西岸の占領地域を包み込み、場所によってはその中にまで食い込む「分離壁」を建設しはじめたのです。完成すれば全長六七〇キロ、二〇〇五年八月までに二一三キロ分の工事が終わりました（国連総会の文書より）。壁の部分と金網フェンスの部分がありますが、壁は高い部分では八メートルにもなります。イスラエル側は、パレスチナの「テロリスト」がイスラエルに侵入するのを防止するためだとしていますが、パレスチナ人の生活を更に分断するなど、その影響は大きく、パレスチナ和平をさらに先送りすることが懸念されます。

しかし二〇〇四年七月九日、国際司法裁判所が、この分離壁が国際法に違反するものであり、撤去しなければならない、という勧告的意見を示しました。国連総会がおこなった要請に基づくもので、国連の司法機関である国際司法裁判所が、パレスチナ問題に関して示した初めての法的な判断です。裁判所は、単に分離壁の建設が違法だと言うだけではなく、分離壁を撤去しなければならない、それによって生じた損害を賠償しなければならない、国連は次の措置を考えなければならないと、相当に踏み込んだ判断を展開しました。国連総会も七月二〇日、この判断を圧倒的多数で支持し、イスラエルにこの意見に従うよう求めました。全体としての国際社会が、敵対を象徴するかのような壁というものにどれほど嫌悪感を持っているか、一連の流れの中によく現れています。

一九四〇年の壁

むろん、パレスチナ過激派の自爆攻撃などに怯えるイスラエル市民が多いのも事実であり、その人々を守らねばならないというイスラエルなりの事情もあるでしょう。しかし、このような壁が憎しみと暴力の連鎖を断ち切るものであるようには思われません。暴力というものはいつでも境界を超えようと身構えているものですから、高い壁で暴力を閉じ込めようとしてもほとんど不可能なのです。その意味でこの壁は、ただの国境とは明らかに違います。人々の「接触」を断ち切り、憎しみを強め、平和を更に遠ざけてしまう境界線なのです。

建設中の分離壁の映像を見ていて、思い出すものが一つあります。それは第二次世界大戦前に、ポーランドのワルシャワほか、いくつかの市でユダヤ人を囲い込むために作られた、ゲットーと呼ばれる地区です。ワルシャワ・ゲットーはとりわけ閉じ込められた人々が多く、一四〇万人ほどのワルシャワの人口のうち四四万人以上がここに住まわされました。記録によれば、面積は三・三六平方キロという狭さで、人がぎっしり詰め込まれたスラム同然の地区だったといいます。

このワルシャワ・ゲットーもまた、長く高い壁で周囲から隔てられていました。完全に閉鎖されていたわけではありませんが、ユダヤ人はその区域外に住むことを許されなかったのです。ユダヤ人が言葉に尽くせぬ苦しみを味わっていた時代でした。皮肉なことに、その時代には、ユダヤ人たちが、抵抗しようとするたびに「テロリスト」と呼ばれていたのです。

二一世紀になったいま、それを反転したような光景がパレスチナでくり広げられるのを見て、平和への道のりの長さを思います。そして、それに対しては、サイードにならって「人を閉じ込めてはならない」と言うほかありません。一九四〇年にワルシャワでユダヤ人を閉じ込めてはならなかったし、二〇〇六年にヨルダン川西岸でパレスチナ人を閉じ込めてはならない、と言い続けるほかないのです。

6　世界に向かって開け放たれ……

日本の開かれにくさ

一九九六年に他界した政治学者、丸山眞男氏の代表的な著作の一つに、「開国」と題する一九五九年の論文があります。学生時代にこの論文を読んで強く印象に残ったのは、論文の内容もさることながら、冒頭に掲げられた「わが都市国家《ポリス》は世界に向かって開け放たれている」という引用句でした。紀元前五世紀の古代ギリシャ、アテナイの政治家であったペリクレスの、戦没者に対する葬送演説の一節です。戦乱の多い時代でしたから、開放性がそのまま平和に結びついていたわけではないのですが、自分たちの開放的な民主主義に対する誇らしげな気分が漂っていて、妙に印象に残ったのです。

この論文自体は、幕末の開国以来、日本が本当に外に対して開かれた社会になったかどうかを分析したものです。日本が開国し、幕藩体制が崩壊するということは、いわば「藩」という名の、三〇〇もの閉ざされた社会が開かれることを意味します。それでは、その後、日本という国は開かれた社会になっていったか。この点に関する丸山の結論はとても鋭利です。つまり、たしかにそのとき一度は無数の閉じた社会の障壁を取り払った、しかしそこに生まれた草の根のエネルギーを、戦前の日本は天皇制国家という「一つの閉じた社会の集合的エネルギー」に切り替えていった、と言うのです。その切り替えが「万邦無比の日本帝国」をもたらした歴史的秘密である、と丸山は指摘します。それが結局、日本に平和ではなく破壊をもたらしてしまったということは、あらためて言うまでもありません。

この論文の根本的な指摘の一つは、日本という国がなかなか外に向かって開かれた社会になりにくい、という点です。では何が社会を開かれたものにするか。その点に関する丸山の議論は、ここまでお話ししてきた事柄とみごとに重なります。つまり、外の異質な社会との接触をひんぱんにすること、他者への寛容をはぐくむこと、そのために自由な討議を重んずること、等々です。

日本社会も最近はずいぶん変化しつつありますが、難民受け入れの少なさや、人道的配慮の足りない(不法滞在者の)強制送還の事例がまだ残るといった現実を見る限りでは、まだ開かれていない面が多いという気がします。いわば、他者との接触を断って自分たちを閉じ込めるようなやり方なのですが、それは他人を閉じ込めるのと同じくらいに、平和を遠ざける営みであるように思います。そして、ペリクレスに倣《なら》って、「わが祖国は世界に向かって開け放たれている」と言えることがどれほど誇らしいことであるか、あらためて思うのです。

開かれていることと普遍的であること

開かれていること、閉じ込めないこと、閉じこもらないことに、なぜこうしてこだわるのでしょうか。単純化して言うなら、そうすることによって初めて、独善的でも排他的でもなく、誰もが共有できる平和の基礎が作られると思うからです。あるいは、壁や境界というものが、開放性と寛容とに真っ向から反する点で本質的に平和と相いれないものだ、と考えられるからです。

実際、一三世紀頃からヨーロッパの思想界に、さまざまな《平和構想》が現れだしたのですが、そこには一貫した特徴が一つあります。それは、何とかして国境というものを取り払うことはできないものか、という願望です。いくつもの平和構想が示されましたが、「ヨーロッパの議会を」とか、「ヨーロッパの連合を」といった主張が、ほとんど常に含まれています。国家が分かれて存在していることが戦争のなくならない原因だ、という考えがずいぶん昔から存在していたのです。問題を単純化した考え方ではありますが、閉鎖的であることがもたらす災いに気づいていた点では正しかったと言えましょう。この考え方は、その後も世界連邦運動などに引き継がれています。

世界から国境をなくそうという構想は容易には実現せずにいますが、国々を分け隔てる壁が無傷で保たれているわけでもありません。第一に、世界連邦は実現していませんが、ヨーロッパ連邦に類するものならばつくられつつあります。EU(欧州連合)です。二五カ国に拡大し、西欧から中欧・東欧にまで広がったEUですが、その基本条約(ヨーロッパ連合条約)には、加盟国が「国境のない領域をつくる」と書かれているのです。「共同市場」という通称が用いられるせいもあり、大きな自由貿易地域か何かがつくられるだけかと考えられがちですが、実は「国境なきヨーロッパ」をつくろうとする壮大な試みであることを忘れてはなりません。EUについては次の第9話でもまた触れます。

第二に、世界の国々が一つにまとまり、世界連邦という目に見える政体を作るに至ってはいませんが、目に見えないかたちで国境を越えた浸透が進んでいる、という事実もあります。二〇世紀の終わり頃から、国家というものが相対化され始めました。そうした国家の相対化、ないし国家主権の相対化と表裏一体で進行しているのが、第6話で紹介したような、NGOが世界中で増えて活発に活動しているという現実です。「市民社会の普遍化」という表現が当てられることもあります(坂本義和『相対化の時代』岩波新書、一九九七年)。

市民社会の普遍化とは、世界の人間たちの間に共通の思想や行動様式が共有されること、言いかえれば「社会関係と歴史過程の人間化」が促進されることを意味します(同書)。そういう「相対化」はおそらく、平和や秩序につながる可能性をより多く秘めた「相対化」だと考えることができるでしょう。一方では国家をキーワードにした分断が乗り超えられ、他方で同時に、人間をキーワードにした統合が進むからです。

そこにおいて初めて、人間的であることと、開放的であることと、普遍的であることが、横一線につながってきます。ではどのように自分を開放するか。最後の第9話ではそれを考えたいと思います。

第９話

隣人との平和

―自分を閉じ込めてはならない―

ソウルの日本大使館前で抗議活動を続ける元「従軍慰安婦」たち.
(写真提供＝共同通信社)

1　敵意の中垣を超えて

シューマン・プラン

一九五〇年六月二五日、東アジアでは悲惨な朝鮮戦争が勃発しました。ちょうどその頃、五日前の六月二〇日からですが、パリでは一つの歴史的な条約の交渉が始まっています。いまのEUの原基となった、欧州石炭鉄鋼共同体(ECSC)を設立するための条約交渉です(月日はいずれも現地時間)。

きっかけはそのひと月ほど前、五月九日に、フランスのロベール・シューマン外相が一つの宣言を発表したことでした。フランスとドイツが石炭と鉄鋼の生産を完全に共通化し、国家を超えた共同事業にすることを呼びかけたのです。《シューマン・プラン》と言います。つい五年前まで戦争していた二つの国が基幹産業を共同事業にする——それも石炭および鉄鋼という、戦争のために必要な「戦略資源」でもあり、かつしばしば仏独両国の戦争原因にもなった資源を、国際管理のもとに置こうというのです。世界が驚きました。

シューマンの宣言は言います。世界の平和を築かねばならない、そしてヨーロッパの平和を築かねばならない、そのためには何世紀も続くフランスとドイツの対立に終止符を打たなければならない――。その目的に向けて石炭と鉄鋼を共通資源にしよう。「こうして石炭鉄鋼の生産が結びつながれ、連帯のもとに置かれれば、フランスとドイツの戦争が考えにくくなるだけでなく、物理的に不可能になるからである」。

ドイツは前年に東西ドイツに分裂したばかりで、フランスが相手に考えていたのはそのうちの西ドイツでした。西ドイツは宣言に呼応します。他の四カ国（ベルギー・オランダ・ルクセンブルク・イタリア）も加えてパリで設立交渉が始まりました。それが翌五一年四月に終わり、ついにＥＣＳＣ設立条約が調印されます。「石炭と鉄鋼を共通資源化して恒久平和を実現する」と言うと何やらおとぎ話のように聞こえますが、より本質的な言い方をするなら、石炭と鉄鋼を糸口にしてフランスとドイツが和解するということであり、石炭と鉄鋼に結ばれて相手に対してみずからを開く、ということでもあります。実際にこののち、独仏はむろんのこと、それらと共にＥＣ（のちＥＵ）に参加した国々の間では、戦争がほとんど考えられない状態になりました。

精神的自閉を破る

むろん、平和という理想だけで事態が動いていたわけではありません。フランスも資源確保という事情がありましたし、西ドイツも東ドイツとの対抗上、国力強化のきっかけをつかんでおかなければならない、という事情がありました。また両者とも、戦後世界での経済競争を乗り切る力を固めなければならず、ソ連を盟主とする共産圏との対抗にも備えねばならず、かつ、盟友であるアメリカからのさまざまなコントロールに対抗できる自立性も育てねばならない、という事情もありました。朝鮮戦争を機に、アメリカから西ヨーロッパに対する軍拡要求も強まっていたのです。そういった政治的思惑はあれ、やはり「戦争のないヨーロッパ」への希求が大きな要因として働いていました。

フランスでもドイツでも、国論が簡単に統一したわけではありません。お互いに相手に対する警戒は強く残っていました。特に敗戦国ドイツでは、連邦議会での条約案審議の際、このの ち資源が国際管理のもとに置かれ、ドイツは永久に無力な少数派に押しとどめられるだろう、といった反対論が唱えられたのです。それに対してシューマン・プラン推進派のアデナウアー首相は、「この構想に乗ることによって、ドイツは戦後初めて孤立から脱することができるのだし、他のヨーロッパ諸国と対等なパートナーになる機会が開けるのだ」と説得し、成功しました。

みずからを開くということは、フランスにとっても重要でしたが、三〇年たらずの間に二度も侵略国の烙印を押されたドイツにとっては、より意義深い決断であったと思います。この国を崩壊に導いたナチズムの根源が、ある意味では思想的に自分を世界から閉ざすようなものであったと言えるからです。

その種は、すでに一九世紀にまかれていました。フランスの思想家ジュリア・クリステヴァは、その著書『外国人』(法政大学出版局、一九九〇年)の中で、一九世紀にドイツで勃興した国家主義は、世界主義をしりぞけ、神秘主義的なロマン主義へと後退し、過去への絶対的信仰や民族性や国家といった亡霊の中に閉じこもってしまうものだった、と述べています。そしてそれは、「理性を超えた、同族ばかりの孤立地帯」であった、とも。その精神的自閉がドイツを暴虐にし、崩壊させました。ECSCへの参加は、そういう伝統からドイツを決別させたのです。

白バラ通信

話を第二次世界大戦中に戻しますが、一九四二年から四三年にかけてのドイツで、ナチス打倒を訴える「白バラ通信」という名前のビラをひそかに配布した、七人の若者のグループがあります。四〇代後半の大学教授も一人加わっていました。

ビラは六種類。そこまで発行したところで、一九四三年二月から翌年秋にかけて次々に逮捕され、処刑されました。二〇〇五年に映画化されましたので(『白バラの祈り』)、ハンス・ショルおよびゾフィー・ショルという兄妹の名前が比較的よく知られているかもしれません。ナチズムとヒトラーのせいでドイツ民族が崩壊に向かうことに危機感を抱き、文字どおり命がけで批判に乗りだした人たちです。いくつかあった抵抗運動の一つで、いまでもドイツでは多くの人の敬意を集めています。

「ドイツ国民よ、あなたたちの心に着せた無関心というマントを破り捨てよ」という、よく知られた呼びかけが示すように、どのビラにもせっぱ詰まった危機感があふれています。いわく、ドイツ人はユダヤ人が受けたのと同じ運命を望むのか？　また、ドイツ人は永遠に世界中の嫌われ者で終わりたいのか？

瀬戸際での抵抗運動ですから、ビラの内容もヒトラーを倒そうとか、彼とその追従者には重罰を科そうとかいった、《今をただす》ための激しい言葉が多いのですが、そこからは、「無関心というマント」に包まれた心だけでなく、ドイツという国自体を世界に向かって開かねば平和にならない、という彼(彼女)らの世界観がにじみ出ています。

特に第五番目のビラがそうで、そこにはドイツがこれからヨーロッパの一員として生きなくてはならない、と記されています。「(ドイツの前身で絶対主義国家だった)プロシアの軍国主義は二度と再び権力を握ってはならない」、「ヨーロッパ諸民族の寛容な協働によってこそ、ドイツ新生の基盤が得られるのだ」。そしてとどめに、「自給自足経済などという幻影は、ヨーロッパから消え去らなければならない」と言うのです。

軍国主義を捨て、自給自足経済という幻影を捨て、ヨーロッパの仲間と共に生きていく――アデナウアーが「白バラ」のことをどれほど知っていたか分かりませんが、これはまさに、シューマン・プランが開始した、ヨーロッパ統合の理念そのものではありませんか。民族の崩壊を防ごうとする若者たちが、民族の開放を胸に秘めていたのです。

2　日本とドイツ

孤独に負債を抱え続けて

同じように周辺諸国や他民族に危害を及ぼし、同じように敗戦した国でありながら、日本とドイツがたどった戦後はずいぶん違うと言われます。危害を与えた国々への国家賠償や人々への個人補償、それらの国々や人々への謝罪、災厄をもたらした旧体制の思想や中心人物が復権することへのチェック、等々です。このうち、旧体制の思想や人物の復活と復権についてはドイツでも見られる、という指弾もありますが(ラルフ・ジョルダーノ『第二の罪』白水社、一九九〇年)、それ以外の点では、たしかにいくつもの違いがあるように思われます。

日本から被害を受けた諸外国に対して一定の賠償(あるいはそれに準ずる支払い)はしているものの、額が十分でないようだという反省点があったり、強制連行の被害者等に対する個人補償がほとんど進んでいないという問題も残ります(粟屋憲太郎ほか『戦争責任・戦後責任　日本とドイツはどう違うか』朝日新聞社、一九九四年)。ドイツの賠償にもさまざまな問題点はあるのですが、各種の個人補償を展開してきたのも事実で、それによって日本のように、延々と人間の痛みに溢れる抗議を受け続けることを免れてきたとも言えるでしょう。

　いわゆる「従軍慰安婦」問題についても、いまなおかつての被害女性からの訴えが絶えず、また一九九八年の「国連マクドゥーガル報告」(「武力紛争下の組織的強姦、性奴隷制および奴隷制類似慣行に関する最終報告書」)が日本政府に責任ありとし、十分な救済のための措置をとる義務があると結論しているにもかかわらず、政府はそれを受け入れていません。一度しっかりと清算するほうが、国家としても「徳」を取り戻し、より自由になるように思うのですが、それは不可能なことなのでしょうか。

　かつての加害行為を「なかった」ことにはできませんし(日本政府も、どの問題についてもそうは言っていません)、また、加害者の側が「水に流そう」と言うことはできないのです。そして、清算が終わるまでの間は、犠牲者たちの痛みを訴える声に耳を傾け続けるほかありません。首相ほか政府首脳の靖国参拝なども同様で、それによって痛みを呼び覚まされる人がたくさんいるのなら、参拝を「内心の問題」(要するに「私の勝手です」という意味になります)と言って済ますことはできなくなります。過去の行為をどういう未来につなげようとしているかが現在の行為として現れる、ということだからです。

言うまでもなく、戦没者たちは深く悼み続けねばなりません。その人たちの多くも、「政府の行為によって」ひき起こされた「戦争の惨禍」(日本国憲法前文)の犠牲者だからです。しかし、追悼はまた別の方法で行うべきなのではないでしょうか。

隣人たちとの共通の場——ドイツの利点

戦後処理をドイツは適切にやり日本は適切にやっていない、という一面的な見方を強調するつもりはありません。ただ、日本とドイツの間には、敗戦後を生きる環境の面で大きな違いがあった、という点にはもう少し注目してよいように思います。それは、みずからの戦争責任を独自に果たすだけでなく、隣人たちと協働する枠組みの中で生き始めたかどうか、という点です。シューマンのフランスが和解の手をさしのべてくれたこともあり、ドイツには戦後すぐに、EUの前身にあたる「協働の場」が与えられました。一つの枠組みにしばられながら、しかし近隣の仲間と共に生きていく、という環境が敗戦後ドイツにもたらされたのです。日本にはそれがありませんでした。

ドイツを外に向かって開かせた環境はECSCだけにとどまりません。それに先立つ一九五〇年から、欧州審議会(Council of Europe)という国際機構にも加盟しています。一九四九年に西欧と北欧の国を中心につくられた、さまざまな種類の国際協力を進める機構ですが、わけても、共通の水準で基本的人権を保障することを主眼としています。ドイツはそれに草創期から加わり、「仲間たちと同じ水準で人権を保障する」仕組みを受け入れたのです。「白バラ通信」の一節には、「言論の自由、信教の自由、そして犯罪者的な暴力国家の恣意から一人一人の市民を守ること――それが新しいヨーロッパの基礎である」とありました。事態はそのとおりに進展したことになります。

隣人を安心させる

このほか、一九五五年にはNATO(北大西洋条約機構)などにも加わっていますが、やはり、経済と人権の面で「国家を超える」機構に属し、隣人たちと共同歩調をとらざるを得ない環境に身を置いたことの意味が、とりわけ大きかったように思います。戦後ドイツも順調な発展を遂げましたが、このような環境に囲まれていることにより、何につけてもドイツだけが突出せずに済んだ面があるからです。

経済はEU(少し前までEEC=欧州経済共同体=という呼び名がよく使われていました)の枠の中で運営していますから、経済大国化してもドイツが一人勝ちすることはない。また、欧州審議会という機構は、加盟国に人権を保障させる権限を持つ機関(欧州人権裁判所など)があり、皆で同じ基準に従う、いわば《人権保障の共同体》を形作っています。

過大評価はできませんが、このような、過去への反省に立って、かつての被害者たちとともに行動できる環境があったことは、やはり意味深いものであったと思います。実際、こういう共通の枠組みは、かりにかつて不行跡のあった国に不穏な変化が見られた場合に、集団的なチェック機能を働かせることもあるのです。

ドイツ自身ではなく、一時期ドイツと合併し、やはりナチズムの支配的だったオーストリアの例ですが、一九九九年、ネオ・ナチ思想に立つと言われる極右政党(自由党)が勢力を伸ばし、連立政権をつくったことがありました。しかしこのとき、さまざまな形でEUや欧州審議会の加盟国が異議を表明したため、間もなく自由党党首は交代し、自由党自身も二〇〇二年の選挙で大幅に議席を失います。このように、EUや欧州審議会のような枠組みがあることが、かつて被害を受けた隣人たちにとっても、安心材料になるのです。

3　東アジア共同体

どういう「共同体」か

以上のように見た場合、日本もドイツのように隣人たちとの共同体を持つべきか。

ここしばらく、東アジア地域でも何らかの「共同体」をつくろうという議論が起きてきました。東アジア共同体という名前が当てられるのが普通ですが、人によっては東北アジア共同体を構想する方がよい、という人もあります。二〇〇五年一二月、ASEAN(東南アジア諸国連合)一〇カ国、日中韓の三カ国、それにオーストラリア・ニュージーランド・インドの域外三カ国を加えた一六カ国が、第一回東アジアサミットを開き、今後なんらかの「共同体」を形成するよう努めることで大筋の合意をしました。

「なんらかの」という漠然とした言い方をするのは、この時点ではどの国がメンバーになるか、どういう内容の共同体になるか等々、構想の根本的な点がまだ不明確だからです。ASEANプラス3の一三カ国にするのか、アメリカの意向なども入れて域外三カ国を加えた一六カ国にするのか。また共同体の内容については、ゆるやかな自由貿易地域(無関税または低関税で貿易をする地域)程度のものにするのか、あるいは将来的にでもEUのように経済統合をめざし、東アジア連邦のようなものに近づくことを考えているのか。あるいはまた、そのように経済だけに限定するのではなく、欧州審議会のように民主主義と法の支配の強化を目的とし、人権保障に力を入れる《人権保障共同体》のようなものをめざすのか、欧州安保協力機構(OSCE)のように加盟国間の相互安全保障と紛争解決のための機構となることをめざすのか。

現在のところ、ほとんどすべての議論が経済統合に限定されていて、それも、EUのような高度な経済統合ではなく、もっと緩やかな「統合」を考えているようです。まだ論議されている段階であり、内容が不確定なものの是非を論ずることはできませんが、かりに自由貿易地域をつくる程度の「経済統合」でも、試みて悪いことはないとは言えるでしょう。世界の他の地域(ラテンアメリカやアフリカ)でもそういう組織づくりが急速に進んでいますし、日本にとっても(また急激に経済大国化しつつある中国にとっても)、隣人たちと共同歩調をとる場があるならば、それは大きな意義のあることだからです。

ただ、そういう「共同体」づくりによって地域の和合を進めるのはよいのですが、いま起きていることが、一九五一年に欧州石炭鉄鋼共同体(ECSC)をつくろうとしていたときの西ヨーロッパの状況とは単純に類比できない、ということは言えるだろうと思います。あのときのヨーロッパは、戦争に勝った側も敗けた側も戦後復興を進めているさなかでした。ともに手を携えるべき、強い理由があったのです。また、シューマン・プランによく示されているように、あのときは機構をつくること自体が深い和解の第一歩でした。それが和解の始まりを象徴し、そののち(EUの建設にまで至る)和解と不戦の制度化へとつながる第一歩だったのです。

和解と共生が根本である

東アジアで「共同体」をつくる時にも、特に日本にとっては、それが単なる経済協力の道具なのではなく、隣人たちとの和解を始め、進めるための場なのだという理念を保つことが必要です。ただ、日中にせよ日韓にせよ、不信の関係がもう六〇年以上も清算されないままで来た状況で、シューマン・プランのような《和解のビッグ・バン》が働く可能性は低い。ですから、ゆるやかな経済共同体をつくれば何となく和解が進むだろうと期待できるわけではなく、むしろ、経済であれ何であれ、「共同体」なるものをつくるためには、その前にもっと和解を進め、信頼関係の基礎を固めておくことが求められているのだと思います。

日中関係ひとつとっても、事態をむずかしくする要因は双方の側にあるのですが、大原則論としてはこう言うことができるでしょう。すなわち、「日中間に真の信頼関係が築き上げられない限り、東アジアに実効性のある「経済圏」または「経済共同体」の成立は困難であろう。ましてや「経済共同体」を超えた「共同体」の成立は不可能に近い」(谷口誠『東アジア共同体——経済統合のゆくえと日本』岩波新書、二〇〇四年)。

アタマに「経済」のつかない「共同体」とは、お互いに信頼を抱きあう隣人同士になっている関係を指します。単なる「市場の配分」や「市場への相互参入」の関係ではなく、互いに相手を脅威(軍事的・経済的な)と感ぜず、不和があってもそれを対話で乗りこえることのできる関係なのです。経済はそのための手段であって、目的ではありません。

「共生」という言葉はずいぶん言い古された言葉ですが、これほど平和の根本を言い表すものはなく、かつ頻繁に使われもするのに、本当には実行に移されない言葉もそう多くないのではないか、と思います。「自分だけが生きる」と言ったとたんに普通は争いが始まり、世界は平和でなくなります。ですから、国際的な共生の仕組みとはどういうものか、そのために何をすることが必要か、知恵をしぼる必要があるはずなのです。世界全体についてそれを考えることがむずかしければ、とりあえずは、身近な隣人たちとの和解と共生を実践することが必要でしょう。それなしに私たちの国が世界の平和に貢献することもありえません。

4　おわりに――若者たちのために希望を語る

平和を語るのは理想主義だという言い方があります。「理想」がまだ実現していないことを望むものだという意味において、それはそのとおりかもしれません。しかし、まだ実現していないが誰もが欲し、誰もが失いたくないものであるなら、やはりその希望について考え続け、語り続けなければならないのではないでしょうか。

かつて、「希望が失われたら生命は終わりを告げたことになる」と言ったのは、精神分析学者のエーリッヒ・フロム(ドイツ、のちアメリカ)でした。それは「生命への愛」に根ざすものであり、そういう愛を失えば人間は冒険主義や無理押しやニヒリズムに陥る、とフロムは述べたのです。希望についてフロムはこう言います。

希望は逆説的である。希望は受動的に待つことでもなく、起こりえない状況を無理に起こそうとする非現実的な態度でもない。希望はうずくまった虎のようなもので、跳びかかるべき瞬間がきた時に初めて跳びかかるのだ。くたびれた改良主義も似非《えせ》急進的冒険主義も希望の表現ではない。希望を持つということは、まだ生まれていないもののためにいつでも準備ができているということであり、たとえ一生のうちに何も生まれなかったとしても、絶望的にならないということである。すでに存在するもの、あるいは存在しえないものを望んでも意味がない。弱い希望しか持たない人の落ち着くところは太平楽か暴力である。強い希望を持つ人は新しい生命のあらゆる徴候を見つけて、それを大切に守り、まさに生まれようとするものの誕生を助けようと、いつでも準備を整えているのである。(E・フロム『希望の革命』(改訂版)、紀伊國屋書店、一九七〇年)

「生命への愛」という言葉は少し抽象的かもしれませんが、この本でこれまで見てきた、さまざまな犠牲者たち、あるいは「奪われた人々」を思うこと、と言いかえれば分かりやすいのではないでしょうか。罪もないのに戦場で殺された人々、性暴力の対象になって人間としての尊厳を根底から奪われた人々、いくら働いても食べていくことさえ困難な人々、基礎衛生すら受けられない子供たち。そのすべてが、奪われてはならない人権が奪われたということであり、そうであるなら放置しておいてはならないと考えること――それが「平和」について考えることであり、それは同時に「希望」を抱くことでもあるのです。

「起こりえない状況を無理に起こそうとする」のではありません。「これさえすればこれだけは良くなる」ということ(たとえばわずかな援助)がある時に、それだけでもしておくこと、あるいは、「これさえしなければこの問題がここまで悪くはならない」ということ(たとえば首相の靖国参拝)がある時に、それをあえて強行しないこと等々なのです。

平和への希望とか理想というのは、そのようなものです。そしてそれらについて考え、語るのは、放棄するわけにいかない夢を世代から世代へと受け渡すためでもあります。第8話で紹介したヴァイツゼッカー・元西ドイツ大統領は、同じ演説の中で、過去に自分たちが犯した過ちを「心に刻みつけよう」と呼びかけ、さらに次のように述べました。

われわれ年長者は若者に対し、夢を実現する義務は負っておりません。われわれの義務は率直さであります。心に刻みつづけるということがきわめて重要なのはなぜか、このことを若い人びとが理解できるよう手助けせねばならないのです。ユートピア的な救済論に逃避したり、道徳的に傲慢不遜になったりすることなく、歴史の真実を冷静かつ公平に見つめることができるよう、若い人びとの助力をしたいと考えるのであります。（『荒れ野の40年』）

ですから、若い皆さんへ（「心のありようが若い（young at heart）」方も含めて）。平和について考え続けるときに、すべての理想をいますぐに実現せよと求められているのだとは考えないで下さい。歴史を見ても、少しずつ成果を積み重ねていくほかないのが現実なのです。私たち年長の者ができなかったことを、すべて皆さんの責任にして残していったりはできません。せめて、前の世代から受け継いだ世界より悪い世界を皆さんに残さぬようにはしたい。だから、もし私たちにそれができたなら、どうかそれを少しでもよくなるようにしていただきたい、と願うのです。

あとがき

私が初めて買って読んだ岩波新書は、アンドレーエヴァ著『失われた大陸』(青版506、一九六三年)という本でした。一万二〇〇〇年前、一夜にして大西洋に没したといわれる、謎の大陸「アトランティス」についての研究・啓蒙書です。なぜそういう種類の本を選んだのか、自分でもよく分かりませんが、手当たり次第に何でも読む年頃だったのでしょう。中学一年生には少し歯ごたえのある本でしたが、面白くて夢中になって読んだのを記憶しています。

以来、相当な数の岩波新書を読み続けてきました。長い間、私にとって岩波新書は、読むものであって書くものではなかったのです。しかし、ここ五年ほどの間に二冊も書くことになりました(『人道的介入』および『国連とアメリカ』)。自分が専門にしている問題を専門ではない方にも理解していただく、よい勉強の機会であったと思います。そんな長い関わりの果てに、こうして、新赤版一〇〇〇番という節目の巻を書く機会まで与えられました。

お読みいただいたように、これは「平和」をテーマとし、それに関する思考の基本を練り上げるための本です。前の二冊もいわゆる「一般向け」ではありましたが、問題になじみのない方には少し歯ごたえのある部分もあったようで、あの二冊への「架け橋」になるような本も欲しい、というご意見も聞きました。「はじめに」で書いたように、たまたま土台となる講座テキストがすでにあったため、それに手を加えて改良をほどこせば、ちょうど読みやすい本になるのではないかと考えたものです。

とはいえ、これはなかなか骨の折れる仕事でした。二〇〇四年に講座テキストを書いたときも、今回それを大幅に加筆修正したときも、全く同じ理由で骨が折れたのです。

なにより、「平和」という表題のもとで語ることのできる論点は、いくら挙げてもキリがないほどたくさんあります。国際関係における平和もあれば、人間の内心における平和もある。戦場に関する平和もあれば、日常生活に関する平和もある。強制収容所での急速なジェノサイドも、食糧さえもないために進む緩慢なジェノサイドも、かつての戦争犠牲者の問題も、破壊される環境の問題も。

それほどにも数多い論点の中から、限られた紙幅に合わせてどれを選び出すか。これはなかなか工夫のいる作業です。自分が多少なりとも知識を持っている事柄や、緊急度の高い問題を軸に選ぶことになりますが、機械的にそういう基準だけで選ぶわけにもいきません。ともかく人々の間で「議論」が成り立ちそうな論点を見つくろい、議論が成り立つように提示しなければならないからです。また、著者の意見だけを述べて終えるわけにもいきません。自分の意見(「気ままな主張」ではなく「分析に基づいた所見」です)を包み隠すつもりはありませんが、本の狙いが《共に平和を考えるための基本的なテキスト》である以上、それにそった構成にすることが優先されるからです。もっとも、《人権と人道をめぐる》という副題をつけた時点ですでに、著者なりの視点はこめられています。

本書のもとになった「NHK人間講座」のテキストをまとめるときにも、合計で四〇〇字二〇〇枚、章立てにして八章、という制限の中で論点を選びました。論点の選択に関してはいかなる制限も課されませんでしたが、決められた分量だけは守らなければなりません。そうして論点がおのずと絞られていったのです。

今回の新書化で、分量が四〇〇字一〇〇枚分増え、かなり新しい内容を書き足すことになりました。章立ては整理して一つ加えただけですが、いくつもの論点や視点を補うことができたように思います。とはいえ、最後まで触れられずに終わった大事な問題も、いくつかは残りました。子供兵士の問題、環境の問題、平和教育の問題——。それらすべてについて専門的に知っているわけではありませんが、多少は知っていても紙幅の都合で触れられなかった問題もあります。それらについては、いずれまた別の機会に扱う、ということでお許し下さい。

今回もまた、岩波書店新書編集部・小田野耕明氏には最初から最後までお世話になりました。氏とはすでに「あ・うん」の呼吸で仕事ができるようになっていますが、今回は一部資料の検索までお願いすることになり、お詫びかたがたの感謝になります。またこの機会に、「NHK人間講座」を制作したときのスタッフの皆さんにも、心からのお礼を申し上げたいと思います。

二〇〇六年一月

最上敏樹

もっと知りたい方のために

専門家でない方でも読むことの可能なものの中から、各話五点にしぼって掲げました。おおむね話題の順にそって並べてあります。また、筆者自身の著作は、当然のことながらこの本の趣旨にそったものが多いので、ご参考のために下にまとめて掲げました。

第1話

坂本義和『冷戦と戦争――坂本義和集2』岩波書店、二〇〇四年

メアリー・カルドー『新戦争論――グローバル時代の組織的暴力』山本・渡部訳、岩波書店、二〇〇三年

ハワード・ジン『テロリズムと戦争』田中訳、大月書店、二〇〇三年

高柳先男『戦争を知るための平和学入門』筑摩書房、二〇〇〇年

イマヌエル・カント『永遠平和のために』宇都宮訳、岩波文庫、一九八五年

第2話

加藤俊作『国際連合成立史――国連はどのようにしてつくられたか』有信堂、二〇〇〇年

明石康『国際連合――その光と影』岩波新書、一九八五年

香西茂『国連の平和維持活動』有斐閣、一九九一年

マラック・グールディング『国連の平和外交』幡新訳、東信堂、二〇〇五年
松井芳郎『湾岸戦争と国際連合』日本評論社、一九九三年

第3話

東京裁判ハンドブック編集委員会編『東京裁判ハンドブック』青木書店、一九八九年
大沼保昭『東京裁判から戦後責任の思想へ　第4版』東信堂、一九九七年
藤田久一『戦争犯罪とは何か』岩波新書、一九九五年
アントニオ・カッセーゼ『戦争・テロ・拷問と国際法』曽我訳、敬文堂、一九九二年
多谷千香子『「民族浄化」を裁く――旧ユーゴ戦犯法廷の現場から』岩波新書、二〇〇五年

第4話

ヨハン・ガルトゥング『構造的暴力と平和』高柳・塩屋・酒井訳、中央大学出版部、一九九一年
国連開発計画『人間開発報告書1994』国際協力出版会、一九九四年
アマルティア・セン『貧困と飢饉』黒崎・山崎訳、岩波書店、二〇〇〇年
マブーブル・ハク『人間開発戦略　共生への挑戦』植村ほか訳、日本評論社、一九九七年
マーチン・ルーサー・キング『良心のトランペット』中島訳、みすず書房、二〇〇〇年(新装版)

第5話

スーザン・ソンタグ『この時代に想う　テロへの眼差し』木幡訳、NTT出版、二〇〇二年
エリ・ウィーゼル／川田順造編『介入？――人間の権利と国家の論理』廣瀬・林訳、藤原書店、一九九七年
高木徹『ドキュメント　戦争広告代理店――情報操作とボスニア紛争』講談社、二〇〇二年
ロニー・ブローマン『人道援助、そのジレンマ――「国境なき医師団」の経験から』高橋訳、産業図書、二〇〇〇年
中村哲『アフガニスタンの診療所から』筑摩書房、一九九三年

第6話

クリスチャン・ベイ『解放の政治学』内山・丸山訳、岩波現代選書、一九八七年
阿部浩己『国際人権の地平』現代人文社、二〇〇三年
三好亜矢子ほか編『平和・人権・NGO――すべての人が安心して生きるために』新評論、二〇〇四年
アムネスティ・インターナショナル日本『アムネスティ・レポート　世界の人権』(各年)
犬養道子『一億の地雷　ひとりの私』岩波書店、一九九六年

第7話

石田雄『記憶と忘却の政治学――同化政策・戦争責任・集合的記憶』明石書店、二〇〇〇年

前田哲男『戦略爆撃の思想――ゲルニカ・重慶・広島への軌跡』現代教養文庫、一九九七年
ＮＨＫ広島・核平和プロジェクト『核兵器裁判』ＮＨＫ出版、一九九七年
坂本義和『軍縮の政治学』岩波新書、一九八二年
吉田文彦・朝日新聞特別取材班編著『核を追う――テロと闇市場に揺れる世界』朝日新聞社、二〇〇五年

第８話

デイヴィッド・グロスマン『死を生きながら――イスラエル一九九三―二〇〇三』二木訳、みすず書房、二〇〇四年
エドワード・サイード『パレスチナ問題』杉田訳、みすず書房、二〇〇四年
広河隆一『パレスチナ　新版』岩波新書、二〇〇二年
Ｓ・ブルッフフェルド／Ｐ・Ａ・レヴィーン／中村綾乃『語り伝えよ、子どもたちに――ホロコーストを知る』高田訳、みすず書房、二〇〇二年
丸山眞男『忠誠と反逆　転形期日本の精神史的位相』筑摩書房、一九九二年

第９話

インゲ・ショル『白バラは散らず――ドイツの良心ショル兄妹』内垣訳、未来社、一九六四年
鴨武彦『ヨーロッパ統合』ＮＨＫ出版、一九九二年

加藤常昭『ヴァイツゼッカー』清水書院、一九九二年
加藤周一『加藤周一対話集3　〈国民的記憶〉を問う』かもがわ出版、二〇〇〇年
VAWW-NET JAPAN編訳『戦時・性暴力をどう裁くか　国連マクドゥーガル報告全訳』凱風社、二〇〇〇年

本書に関連する著者自身の刊行物

『国連システムを超えて』岩波書店、一九九五年
『人道的介入――正義の武力行使はあるか』岩波新書、二〇〇一年
『国連とアメリカ』岩波新書、二〇〇五年
『国境なき平和に』みすず書房、二〇〇六年
『国際機構論　第2版』東京大学出版会、二〇〇六年

以上のほか、全般的なテキストとして

日本平和学会〈グローバル時代の平和学〉刊行委員会『グローバル時代の平和学』全四巻、法律文化社、二〇〇四年
高畠通敏著、五十嵐暁郎・佐々木寛編『平和研究講義』岩波書店、二〇〇五年
岡本三夫・横山正樹編『平和学のアジェンダ』法律文化社、二〇〇五年

最上敏樹

1950年 北海道生まれ
1974年 東京大学法学部卒業
1980年 東京大学大学院法学政治学研究科博士課程修了
現在―国際基督教大学名誉教授，早稲田大学名誉教授
専攻―国際法，国際機構論
著書―『ユネスコの危機と世界秩序』(東研出版)
『国連システムを超えて』(岩波書店)
『人道的介入』(岩波新書)
『国連とアメリカ』(同上)
『国境なき平和に』(みすず書房)
『国際立憲主義の時代』(岩波書店)
『国際機構論講義』(同上)
『国際法以後』(みすず書房) ほか

いま平和とは　岩波新書(新赤版)1000

2006年3月22日　第1刷発行
2025年4月4日　第15刷発行

著　者　最上敏樹《もがみとしき》

発行者　坂本政謙

発行所　株式会社 岩波書店
〒101-8002 東京都千代田区一ツ橋 2-5-5
案内 03-5210-4000　営業部 03-5210-4111
https://www.iwanami.co.jp/

新書編集部 03-5210-4054
https://www.iwanami.co.jp/sin/

印刷・三陽社　カバー・半七印刷　製本・中永製本

ISBN 978-4-00-431000-6　Printed in Japan

岩波新書新赤版一〇〇〇点に際して

ひとつの時代が終わったと言われて久しい。だが、その先にいかなる時代を展望するのか、私たちはその輪郭すら描きえていない。二〇世紀から持ち越した課題の多くは、未だ解決の緒を見つけることのできないままであり、二一世紀が新たに招きよせた問題も少なくない。グローバル資本主義の浸透、憎悪の連鎖、暴力の応酬——世界は混沌として深い不安の只中にある。

現代社会においては変化が常態となり、速さと新しさに絶対的な価値が与えられた。消費社会の深化と情報技術の革命は、種々の境界を無くし、人々の生活やコミュニケーションの様式を根底から変容させてきた。ライフスタイルは多様化し、一面では個人の生き方をそれぞれが選びとる時代が始まっている。同時に、新たな格差が生まれ、様々な次元での亀裂や分断が深まっている。社会や歴史に対する意識が揺らぎ、普遍的な理念に対する根本的な懐疑や、現実を変えることへの無力感がひそかに根を張りつつある。そして生きることに誰もが困難を覚える時代が到来している。

しかし、日常生活のそれぞれの場で、自由と民主主義を獲得し実践することを通じて、私たち自身がそうした閉塞を乗り超え、希望の時代の幕開けを告げてゆくことは不可能ではあるまい。そのために、いま求められていること——それは、個と個の間で開かれた対話を積み重ねながら、人間らしく生きることの条件について一人ひとりが粘り強く思考することではないか。その営みの糧となるものが、教養に外ならないと私たちは考える。歴史とは何か、よく生きるとはいかなることか、世界そして人間はどこへ向かうべきなのか——こうした根源的な問いとの格闘が、文化と知の厚みを作り出し、個人と社会を支える基盤としての教養となった。まさにそのような教養への道案内こそ、岩波新書が創刊以来、追求してきたことである。

岩波新書は、日中戦争下の一九三八年一一月に赤版として創刊された。創刊の辞は、道義の精神に則らない日本の行動を憂慮し、批判的精神と良心的行動の欠如を戒めつつ、現代人の現代的教養を刊行の目的とする、と謳っている。以後、青版、黄版、新赤版と装いを改めながら、合計二五〇〇点余りを世に問うてきた。そして、いままた新赤版が一〇〇〇点を迎えたのを機に、人間の理性と良心への信頼を再確認し、それに裏打ちされた文化を培っていく決意を込めて、新しい装丁のもとに再出発したいと思う。一冊一冊から吹き出す新風が一人でも多くの読者の許に届くこと、そして希望ある時代への想像力を豊かにかき立てることを切に願う。

（二〇〇六年四月）

岩波新書より

岩波新書／最新刊から

2047 **芸能界を変える** ─たった一人から始まった働き方改革─ 森崎めぐみ 著

ルールなき芸能界をアップデートしようと、役者でありながら奮闘する著者が、芸能界のこれまでとこれからを描き出す。

2048 **アメリカ・イン・ジャパン** ─ハーバード講義録─ 吉見俊哉 著

黒船、マッカーサー、原発……、「日本の中のアメリカ」を貫く力学とは？ ハーバード大講義の記録にして吉見アメリカ論の集大成。

2049 **非暴力主義の誕生** ─武器を捨てた宗教改革─ 踊 共二 著

宗教改革の渦中に生まれ、迫害されながらも非暴力を貫くある少数派の信仰は私たちに何をもたらしたか。愛敵と赦しの五〇〇年史。

2050 **孝経** 儒教の歴史二千年の旅 橋本秀美 著

東アジアで『論語』とならび親しまれてきた『孝経』は、儒教の長い歩みを映し出す鏡のような存在だ。スリリングな古典への案内。

2051 **バルセロナで豆腐屋になった** ─定年後の「一身二生」奮闘記─ 清水建宇 著

異国での苦労、カミさんとの二人三脚の日々──定年後の新たな挑戦をめざす全ての人へ、元朝日新聞記者が贈る小気味よいエッセイ。

2052 **ビジネスと人権** ─人を大切にしない社会を変える─ 伊藤和子 著

私たち一人一人が国連のビジネスと人権に関する指導原則を知り、企業による人権侵害が横行する社会を変えていくための一冊。

2053 **ルポ 軍事優先社会** ─暮らしの中の「戦争準備」─ 吉田敏浩 著

歯止めのない軍事化が暮らしを侵し始めている。その実態を丹念な取材で浮き彫りにし、対米従属の主体性なき安保政策を問う。

2054 **リンカン** ─「合衆国市民」の創造者─ 紀平英作 著

「奴隷解放の父」として、史上最も尊敬を集めてきた大統領であるエイブラハム・リンカン。そのリーダーシップの源泉を問う。

(2025.3)